LE

MARIAGE

DES

JEUNES FILLES

PAR

LÉON MORTUREUX

DIJON

IMPRIMERIE EUGÈNE JOBARD

Place Darcy, 9.

LE

MARIAGE DES JEUNES FILLES

LE

MARIAGE

DES

JEUNES FILLES

DIJON

IMPRIMERIE EUGÈNE JOBARD
Place Darcy, 9.

Il y a dix-huit mois, ma fille aînée revêtait sa robe blanche de première communiante ; cette enfant, qui me semblait née d'hier, était presque une jeune fille. Combien rapide avait donc été la fuite des années ! Déjà évoquant l'avenir, je pouvais la voir dans une autre église en robe blanche aussi, mais cette fois à côté d'un jeune homme qui l'emporterait ensuite loin de mon foyer. Depuis lors, j'ai souvent songé à ce grand acte du mariage, me demandant ce que la vigilance des parents pouvait y apporter pour l'enfant de garanties de bonheur. De mes réflexions sont nées ces pages. En les écrivant j'ai moins cherché à donner des leçons aux autres pères de famille qu'à m'éclairer moi-même sur mes devoirs.

MARIAGE DES JEUNES FILLES

Manière dont se contractent les Mariages.

Savez-vous la nouvelle? — Quoi donc? — Mademoiselle X... se marie. — Et qui épouse-t-elle? — Monsieur Z...
— A peine ces courtes phrases ont-elles été échangées dans un salon, que les conversations particulières ont cessé comme par enchantement. Tous les yeux se sont tournés vers la personne bien informée et, de chaque côté, les interrogations se croisent, réclamant des détails, beaucoup de détails. — La position du jeune homme, son avenir, sa fortune présente et future, son physique, son éducation, la considération dont sa famille est entourée sont successivement passés en revue. Puis, c'est le tour de la jeune fille; on discute sur son plus ou moins de beauté, on détaille ses agréments, on énumère ses qualités,

on pèse surtout sa dot. On dresse alors le budget du jeune ménage et, lorsque tout paraît bien proportionné, que les situations semblent assorties, les revenus suffisants pour alimenter un large train d'existence, on déclare que voilà un beau mariage. La jeunesse qui écoute voudrait être à la place des futurs époux, tandis que les parents de ceux-ci font faire des péchés d'envie aux pères et aux mères ayant fils ou filles à marier.

Si telle est la façon dont le monde apprécie un projet de mariage, bien peu différente est, il faut le reconnaître, celle dont procèdent les intéressés. — Le jeune homme a-t-il de la fortune, une carrière, des parents honorablement posés ; son physique est-il présentable et ses manières celles d'un homme bien élevé? La jeune fille possède-t-elle une dot d'une rondeur engageante, peut-elle passer pour jolie ou tout au moins pour agréable, a-t-elle reçu une bonne éducation, ce qui signifie qu'elle sait entrer dans un salon et qu'elle cultive avec plus ou moins de succès un ou deux arts d'agrément? En voilà assez pour que le mariage paraisse de part et d'autre tout à fait avantageux. — A-t-on en outre quelque raison de penser que les caractères soient faits pour s'entendre, a-t-on pu constater, pendant que le jeune homme faisait sa cour, l'éveil d'une sympathie réciproque, s'est-on découvert une certaine communauté de goûts : cela suffit et de reste, pour que l'union projetée s'annonce comme devant être heureuse entre les plus fortunées.

Pourquoi faut-il que d'aussi brillantes promesses soient trop souvent suivies de si peu d'effet, et que les plus séduisants mirages se dissipent trop vite devant une banale et peu enviable réalité?

A quoi cela tient-il, si ce n'est à la légèreté apportée à l'acte le plus sérieux de l'existence, à l'oubli aussi de cette condition essentielle qui devrait présider à tout mariage et qui consisterait à savoir de part et d'autre ce qu'on fait?

Qu'est-ce que le mariage, et pourquoi se marie-t-on? A ces questions ainsi posées il serait curieux de collectionner les réponses qui seraient faites. Combien dénoteraient qu'un grand nombre, parmi ceux qui se marient, obéissent à des motifs frivoles, se laissent entraîner par des idées absolument fausses et font, en somme, un saut périlleux dans l'inconnu!

Pour bien des hommes le désir de se marier se manifeste alors qu'ils commencent à être fatigués de ce qu'on est convenu d'appeler les charmes de la vie de garçon. Pour les jeunes filles, il vient aussi un moment où on se lasse de courir les fêtes sous la conduite maternelle et de voir peu à peu s'éclaircir le cercle de ses amies successivement entraînées par leurs maris un peu aux quatre vents du ciel. C'est alors que se produit pour la femme comme pour l'homme cet état psychologique où l'on est devenu ce qu'on appelle *mûr pour le mariage.*

Ceux qui sont arrivés à cet état regardent les propositions qui leur sont faites d'un tout autre œil que jadis; bien des choses paraissent maintenant toutes simples qui semblaient autrefois mal aisées; tels obstacles jugés naguère insurmontables donnent à peine lieu aujourd'hui à de légères objections; les exigences diminuent, les préventions s'évanouissent; les plus difficiles deviennent tout à coup indulgents, les plus fières se font accessibles. Bref, il en est des jeunes gens et des jeunes filles qu'on arrive à présenter au bon moment, comme de ces danseurs devant lesquels, à certaine figure du cotillon, une belle ne retire pas le coussin, uniquement parce qu'elle vient de le dérober à beaucoup d'autres.

Mais on ne se marie point toujours tard et pour faire une fin; beaucoup se marient jeunes, au contraire, et entendent bien faire un commencement.

Est-ce donc une raison pour que, moins expérimentés, ils aient une conception plus juste et plus nette de ce qu'ils vont faire? — Le jeune homme, qu'un premier éveil du cœur ou que le désir de plaire à des parents pressés de le voir s'établir, pousse au mariage à peine échappé du collège; la jeune fille, tourmentée, au sortir du couvent, de l'envie de jouer à la madame, de sortir seule, de lire tout ce qu'elle voudra et de faire enrager ses amies, n'ont ni l'un ni l'autre une conception bien nette de ce qu'ils font, et souvent pas la moindre idée de ce à quoi ils s'engagent.

Se marier pour avoir un intérieur agréable, une vie facile, de l'indépendance, pour échapper à la direction et au contrôle de la famille, pour substituer des plaisirs et des horizons nouveaux aux plaisirs épuisés et aux horizons parcourus, c'est considérer les choses à un point de vue purement humain et par conséquent décevant; c'est se préparer à plaisir les désillusions et les regrets; alors qu'on refuse de voir dans le mariage ce que Dieu y a mis, une association de l'homme et de la femme, faite de beaucoup d'amour et de beaucoup de dévouement, où les devoirs sont nombreux, les concessions nécessaires, où les épreuves ne manquent point, mais où la Providence a caché, pour qui sait le découvrir, un pur et ineffable bonheur.

Ceux dont la vie douce et facile constitue le seul idéal,

ceux dont la possession du bien-être et l'accumulation des jouissances comblent toutes les aspirations feront bien de ne pas me lire. Ils s'éviteront ainsi un ennui. Eux et moi nous ne parlons point la même langue et nous ne nous entendrions jamais. Je m'adresse à ceux-là seulement qui, rêvant pour eux-mêmes ou pour ceux qui leur sont chers, de quelque union vraiment étroite et bénie du ciel, se lamentent de voir ces unions-là trop rares et se demandent comment il serait possible de les rendre plus fréquentes.

Donc, avec ceux qui voudront bien tenter l'aventure de me suivre, je vais tout d'abord me demander quelles sont les causes qui empêchent tant de mariages qu'on croyait habilement préparés de tenir toutes leurs promesses et de réaliser les espérances qu'ils avaient fait concevoir.

Causes qui s'opposent au bonheur dans le Mariage.

Parmi les causes qui s'opposent au bonheur dans le mariage, il y a, il faut bien le dire, celles qui ne dépendent point de nous. Tels sont les deuils, les maladies, les infirmités; tels sont souvent encore les chagrins causés par le défaut de santé ou la mauvaise conduite des enfants; la perte des ressources qui alimentaient le ménage, la gêne et la ruine faisant leur apparition au foyer domestique. — Il est évident que toutes les fois qu'on fonde une famille, on offre une prise plus large aux coups qui peuvent vous atteindre. Toute personne qui se marie devrait être persuadée que dans la vie nouvelle qu'elle veut embrasser, il y aura pour elle plus de devoirs, plus de responsabilités, plus d'appréhensions, plus de chagrins aussi sans doute que dans le célibat. Elle y trouvera par compensation des satisfactions et des douceurs inconnues aux célibataires. Ces satisfactions et ces douceurs, ceux-là seuls les connaîtront qui n'auront point reculé devant les épreuves. Tels les soldats qui auront affronté les périls du combat, seront les seuls à goûter les joies de la victoire.

La Providence, d'ailleurs, a ménagé à chacun les peines et les plaisirs. Le célibataire qui consacre sa vie à poursuivre les seconds n'évite point toujours les premières, et un jour viendra peut-être où il regrettera, dans son égoïste isolement, les soins et les consolations qu'il eût trouvés dans une famille dévouée.

Qu'on se marie ou qu'on ne se marie point, les souffrances et les chagrins sont une loi de l'humanité à laquelle chacun paie plus ou moins son tribut. Je n'y connais guère d'autre remède que la patience et la résignation chrétienne.

Parmi les causes dépendant de nous qui empêchent les mariages d'être heureux, les unes sont générales et influent sur le mariage comme sur toutes les circonstances de la vie, elles tiennent à la nature et à l'éducation; les autres sont spéciales et proviennent des idées fausses qu'on se fait au sujet du mariage, du malentendu qui préside à cet acte important et du défaut absolu de préparation qui y est apporté.

I.

CAUSES GÉNÉRALES

———

Défaut de principes solides inspirés à la jeunesse.

§ 1.

Un des signes distinctifs de notre époque est l'esprit d'indépendance et de révolte. De nos jours, tout le monde voudrait commander et nul ne sait plus obéir. Les enfants, dès leur jeune âge, tendent à échapper à l'autorité paternelle ; devenus grands, ils perdent trop souvent la notion même du respect. Quant à ce qui est de l'autorité maritale, on ferait rire la plupart des femmes rien qu'en en prononçant le nom. L'Evangile ose bien leur prescrire de s'incliner devant elle, mais leur religion souffre, parait-il, des accommodements. On en prend ce qui plait, on en laisse ce qui gène. La femme moderne est encore moins que l'homme habituée à se soumettre. Ce dernier subit en effet la discipline du collège, celle plus dure de la caserne, celle enfin à laquelle le plient ses fonctions, car ils sont bien rares, ceux qui n'ont jamais à courber leur volonté devant quelque volonté supérieure. — Les jeunes filles, après avoir peu obéi à leur mère, sont en général très décidées à ne point obéir du tout à leur mari. Certaines comptent bien, au contraire, trouver en celui-ci un esclave empressé et rêvent d'une maison où tous, mari et serviteurs, marcheront au doigt et à l'œil, humbles sujets du royaume où elles seront reines et maîtresses.

Je crois, n'en déplaise à mes lectrices, que celles qui se sont forgé de pareilles idées s'écartent de la voie véritable. Toute société, civile, militaire ou religieuse, suppose nécessairement un chef. Otez le chef, vous avez aussitôt l'anarchie. La famille, qui est une société, elle aussi, n'échappe pas davantage à cette loi. Si Jésus-Christ a déclaré que l'homme doit être le chef de la société conjugale, pourquoi vouloir faire mieux que Jésus-Christ, et renverser l'ordre établi par lui?

Que l'autorité du mari soit affectueuse et bienveillante, qu'elle soit tellement légère qu'elle se laisse à peine deviner. Que la plus entière liberté soit laissée à la femme dans les choses de son domaine ; mais que du moins le principe existe et que la jeune fille ne se présente point à l'autel butée contre une autorité qu'elle nie et révoltée à l'avance à l'idée que sa jeune volonté pourrait rencontrer quelque obstacle.

De pareilles dispositions entraînent de nombreuses conséquences, toutes de nature à mettre bien vite en péril le frêle édifice d'un bonheur conjugal que le temps et le long échange d'une mutuelle tendresse ne sont point encore venus cimenter.

En premier lieu, si, non contente de se renfermer dans son domaine, assez vaste cependant pour la satisfaire, la jeune femme apporte en toute chose des idées arrêtées, des opinions âprement soutenues, à moins qu'elle ne soit tombée sur un homme absolument sans énergie et sans volonté, ce dont, par parenthèse, une femme n'a guère

sujet d'être fière, des discussions et des querelles seront inévitables. Un homme qui s'est conduit tout seul
jusqu'à trente ans n'a pas grande envie d'être mené en
laisse par une femme de vingt. Qu'elle commande, range
et dérange dans son salon, sa lingerie ou sa cuisine, soyez
sûr qu'il n'y trouvera point à reprendre; mais qu'elle
veuille régler à elle seule l'emploi des revenus, qu'elle
bouleverse le train de vie, cherche par pur caprice à imposer des relations et à en interdire d'autres, le mari, nèuf
fois sur dix, mettra le holà et je n'aurai pas, je l'avoue, le
courage de l'en blâmer. Si ce mari n'est point doux
comme un agneau, et les hommes en général ne brillent
guère par la douceur, il lui arrivera d'opposer un peu
brutalement peut-être volonté contre volonté. Cela pourra
mener très loin, de légers dissentiments deviendront bien
vite de véritables querelles, chacun se donnera des torts,
cela est inévitable en pareil cas, des paroles malheureuses
pourront échapper, et il n'en faut souvent pas plus pour
brouiller un ménage.

Des instincts trop prononcés d'indépendance chez une
jeune mariée peuvent donc amener entre elle et son mari
de déplorables malentendus. L'amour, s'il est partagé,
pourra encore apaiser bien des différends et panser bien
des blessures. Mais vis-à-vis de la famille du mari, combien difficiles seront les rapports, combien fréquents les
chocs, si la jeune femme n'est point disposée à considérer
les parents de celui qu'elle a choisi comme formant en
quelque sorte pour elle une seconde famille.

Jadis on voyait les jeunes femmes entrer sans répu-
gnance dans la famille de leur mari et y prendre le rang
de filles. C'était une des conséquences d'un état social où

il existait, du haut en bas de l'échelle, une véritable hié-
rarchie et où chacun était à la fois plus ou moins suzerain
et vassal. — Il ne saurait être question aujourd'hui de
ressusciter un pareil état de choses. Bien imprudent serait
l'homme qui voudrait placer sa jeune femme sous la tu-
telle de sa mère ; bien peu avisée la mère qui donnerait
les mains à un pareil projet. De semblables associations
ne sont plus faites pour notre temps. Tout jeune ménage
doit fonder son foyer et réserver son indépendance. — Est-
ce à dire qu'on puisse se décharger pour autant du respect,
des égards et des prévenances de toute sorte qu'à tout
âge et dans toutes les positions on doit à ses parents et
qu'on doit aussi, il faut bien qu'on se le dise, à un degré
égal aux parents de sa femme ou de son mari? — Vous
seriez affligée, n'est-ce pas, de voir votre époux manquer
de respect à votre père ou à votre mère ; de quel droit
lui en feriez-vous des reproches si vous n'étiez point vous-
même pleine de respect pour ses parents à lui? Vous
faites des difficultés pour recevoir chez vous les parents de
votre femme : de quelle façon espérez-vous donc que
celle-ci recevra les vôtres? — Tout dans le mariage est
une affaire de mutuelles concessions ; faites-en vous-même
si vous voulez qu'on vous en fasse. Il n'y a point à sortir
de là. Malheureusement de nos jours on est peu porté à
faire des concessions, parce qu'on a trop l'esprit d'indépendance.

C'est cet esprit d'indépendance qui empêchera l'homme
de sacrifier à sa femme dans de certaines occasions son
cercle, sa chasse, ses habitudes extérieures. C'est lui encore
qui portera la femme à ne rien retrancher de ses sorties,
de ses visites, de ses goûts de toilette et de futiles dépenses.

--- Chacun en se mariant a trop pensé à lui-même. On a fait la somme des qualités qu'on désirait rencontrer chez son mari ou chez sa femme; on s'est forgé un idéal d'existence auquel on serait désolé d'avoir rien à changer. Rarement vous vous êtes demandé si la personne que vous épousiez trouverait chez vous les qualités que vous exigiez d'elle et si le genre de vie que vous aviez imaginé répondrait en quoi que ce soit à ses goûts et à ses aspirations.

Un pareil oubli ressemble fort, si je ne me trompe, à de l'égoïsme; et bien qu'on ait quelquefois appelé l'amour un égoïsme à deux, je ne crois point pour ma part qu'une dose quelconque de ce vilain sentiment puisse entrer dans l'amour véritable. — Si l'on ne s'est associé que pour satisfaire des goûts communs, cette association sera subordonnée au caprice des goûts qui sont changeants; seule cette union offrira vraiment des garanties de durée qui sera fondée chez les deux époux sur le dévouement et l'oubli de soi-même.

§ 2.

La seconde des causes qui font que bien des mariages tournent mal consiste dans les habitudes de mollesse et dans la recherche excessive du bien-être si répandues à notre époque. — Elles font que dans un mariage, on sacrifiera beaucoup trop à la richesse et qu'on passera souvent sur des défauts qui eussent fait reculer, si le prestige d'une grosse dot ou d'une position grassement rétribuée n'avait exercé sur vous une véritable fascination. Combien, parmi les jeunes gens et les jeunes filles, sont passés à côté du bonheur parce que ce bonheur ne s'offrait à eux que sous les apparences d'une vie simple et sans éclat, alors qu'ils se l'étaient imaginé, au contraire, entouré du prestige du faste et de l'élégance !

Le désir d'éviter tout ce qui demande de l'énergie et des efforts porte souvent, hélas! à envisager la maternité comme un fardeau avec les souffrances qui en sont la conséquence, les privations qu'elle impose et les responsabilités qu'elle entraine. — C'est un spectacle lamentable que celui de voir tant de jeunes femmes ne pouvant retenir leurs doléances dès qu'il leur arrive un troisième ou un quatrième enfant. Un leur aurait suffi, deux c'est la bonne mesure. Elles vous disent cela naïvement comme la chose la plus naturelle du monde. Eh! quelle idée, Mesdames, vous êtes-vous donc faite de votre rôle, des devoirs de votre religion et de l'intervention dans les affaires de ce monde du Dieu auteur de la vie! — Ici s'ouvrent des horizons qu'on ne saurait aborder avec trop de réserve; mais chacun comprendra combien une pareille façon d'envisager les choses peut créer de profonds abimes entre deux époux qui ne se sont point, comme bien l'on pense, demandé avant le mariage leur mutuelle manière de voir sur un pareil sujet.

On fait mal ce qui fatigue et ce qui ennuie. On réussira mal des éducations d'enfants entreprises avec lassitude et dégoût. Sans doute on s'occupera de ses enfants, car de nos jours, avec les perpétuels changements de domestiques, ce serait folie que de les confier à des mains mercenaires. Mais tout le temps qu'on leur consacrera semblera du temps dérobé à ce qu'on croit être le légitime emploi de la vie. Le rôle d'éducateur, qu'on a accepté comme une carte forcée, on l'exercera trop souvent sans conviction et sans entrain ; on s'en acquittera ainsi que d'une corvée et, comme on ne réussit, je le répète, que ce qu'on entreprend avec ardeur, on aura, au lieu de ces enfants charmants et bien élevés qui sont la joie d'une maison, de petits êtres exigeants, despotes, insupportables qui feront de votre intérieur un enfer et vous inspireront le dégoût de la vie de famille.

Beaucoup de pères, après quelques soirées passées à entendre brailler et se chamailler leur progéniture, retournent à leurs anciennes habitudes de cercle et de vie au dehors. Les femmes, condamnées à rester seules au logis, se détachent peu à peu de ces compagnons si enclins à leur laisser tous les soucis et les charges de l'association conjugale ; la plupart n'hésitent point à témoigner par leur attitude des sentiments que leur inspire un pareil abandon, et voilà que chacun se met à faire de son côté en trébuchant, ce chemin de la vie qu'on s'était promis de suivre appuyés l'un sur l'autre.

§ 3.

La vanité est encore une pierre d'achoppement à laquelle nombre de ménages viennent se heurter. Ce sentiment est fort répandu à l'heure qu'il est. Depuis qu'il est convenu que tous les hommes sont égaux, c'est à qui s'efforcera de surpasser son voisin. Pour arriver à ce résultat, on sacrifiera tout aux apparences, on se privera souvent du nécessaire pour paraître posséder le superflu. Pour éblouir ses connaissances en de certaines occasions, on s'imposera toute espèce de gêne dans la vie de chaque jour. — Ce faux luxe qu'on soutient au prix de tant de sacrifices, ces toilettes, ce mobilier qu'on est si souvent embarrassé pour payer, cette atmosphère de combinaisons et d'expédients dans laquelle on est obligé de vivre, sont autant d'obstacles au bonheur. Celui-ci ne peut exister, à mon avis, sans une certaine tranquillité d'esprit, sans un certain équilibre entre votre genre de vie et vos désirs qui vous font être contents de votre sort, en vous empêchant de vous consumer dans une envie perpétuelle et la décevante poursuite de chimères irréalisables. — Ceux qui se sont laissé prendre l'esprit et mordre le cœur par les passions dont je viens de parler ont perdu à jamais l'égalité d'humeur et la sérénité indispensables pour goûter pleinement le charme de la vie à deux.

§ 4.

Les goûts frivoles, l'amour du luxe et du *paraître* sont souvent la conséquence du défaut de connaissances solides et de l'absence de culture intellectuelle, qui empêchent de s'attacher aux choses de l'esprit. — Sans vouloir faire de nos femmes des pédantes, combien ne serait-il point à désirer qu'elles pussent s'intéresser davantage à ce qui fait l'objet des travaux et des préoccupations de leurs maris ! C'est une association bien incomplète que celle qui laisse de côté tout un ordre d'idées, tout le côté intellectuel et supérieur de l'existence, pour n'en embrasser que la partie matérielle et le terre à terre. Je ne demande point, bien entendu, que la femme partage les travaux de son mari, qu'elle fasse des x avec un ingénieur, du droit avec un magistrat, de la tactique avec un militaire. Je voudrais seulement qu'elle eût un peu de *ces clartés de tout* qui

lui permettraient de s'intéresser aux questions sérieuses et
de ne point prendre un air ennuyé et indifférent toutes les
fois que la conversation s'élèverait et sortirait des sujets de
commérage et de pot-au-feu. Il est bien triste pour un
homme de voir que toute une part de lui-même, et la meilleure, échappe à la compagne de sa vie et que chaque fois
qu'il lui arrive de mettre la conversation sur ce qui fait
l'objet de ses plus chères préoccupations, il est écouté à
peu près comme s'il parlait grec ou hébreu. — Eh bien,
je le dis hautement, il ne devrait point en être ainsi. La
femme est assez intelligente en général pour se mettre
bien vite au diapason d'un mari intelligent et instruit. Elle
comprendra si elle veut se donner la peine de comprendre;
si elle n'y arrive point, ce sera par sa faute et parce qu'elle
y aura mis de la mauvaise volonté. — Mais que dire de ces
hommes, et il en existe malheureusement, qui sont les
premiers à se maintenir dans la banalité et le terre à terre
parce qu'ils sont incapables d'en sortir, ou de ceux qui,
bien doués eux-mêmes, professent pour l'intelligence de
leur femme un mépris le plus souvent injustifié? Combien
parmi ces derniers se sont privés d'imprévues et char-
mantes découvertes, uniquement parce qu'ils ont été trop
paresseux pour tenter un voyage d'exploration! — Je
connais des ménages où tout est mis en commun, les goûts,
les aspirations, les pensées. En voyage on se passionne
ensemble pour les beautés de la nature ou pour celles de
l'art. Au foyer domestique, les soirées s'écoulent agréables
et remplies, l'homme lisant de belles pages à sa femme
qui travaille, ou bien celle-ci jouant au piano une mélodie
ou une partition qu'on a entendue ensemble et qui vous a
charmés. Dans ces ménages-là, on ne songe guère à envier

ceux qui se trémoussent et qui sortent tous les soirs pour échapper à l'ennui qui les guette au logis ; mais on plaint de bon cœur ceux où la femme veille solitaire, regardant tristement la pendule, pendant que le mari court les théâtres ou bat des cartons à son cercle. Il vient un temps où les plaisirs vous fatiguent, où le monde vous quitte ; seul le bonheur qu'on a placé dans l'intimité du ménage ne vous échappera point tant qu'il plaira à Dieu de vous laisser l'un à l'autre.

§ 5.

Les diverses causes que je viens de passer en revue exercent à un plus ou moins haut degré leur influence sur le sort des mariages ; mais le principal obstacle à leur réussite est encore, à mon sens, le défaut de religion vraie. — Loin de moi toute pensée d'exclusivisme ; je ne prétends point que les gens religieux fassent seuls de bons ménages et qu'il n'y en ait que de mauvais parmi ceux qui ne pratiquent point de religion. Beaucoup de personnes soi-disant religieuses ne mettent point leurs actes en accord avec les principes qu'elles professent ; d'autres qui prétendent ne suivre aucun culte, se conforment pourtant aux règles principales du christianisme, faisant ainsi à leur insu de la pratique religieuse comme M. Jourdain faisait, lui, de la prose sans le savoir.

Il est évident tout d'abord qu'une sanction à nos actes est le frein le plus puissant qui puisse être apporté aux passions humaines. Cela est tellement évident que bien des maris, ne croyant point à grand'chose pour leur compte, ne sont pas fâchés de rencontrer chez leurs femmes des convictions religieuses où ils voient à juste titre une garantie de fidélité. — Je crois, pour ma part, que la pensée de Dieu qui nous voit et la terreur du jugement dernier ont arrêté bien des chutes. Je crois que l'amour étant mort entre les époux, la foi conjugale est singulièrement en péril s'il ne reste pour la sauvegarder, à défaut de croyances supérieures, que de vagues notions d'une morale dépourvue de sanction, ou la réprobation du monde à laquelle on espère toujours échapper.

Mais laissons de côté la question de fidélité et voyons le rôle de la religion dans la vie de tous les jours.

L'effet d'une religion bien comprise doit être de vous rendre plus indulgent pour les travers de ceux avec qui l'on vit, plus patient dans les épreuves, plus disposé à effacer sa volonté, plus agréable à ceux qui vous entourent.

On me citera, je le sais, des dévots volontaires, médisants, acariâtres. Je répondrai que ces gens-là ne comprennent rien à la religion qu'ils professent et qu'ils feraient aussi bien d'abandonner leurs pratiques si elles n'ont point pour effet de les améliorer. Mais il en est rarement ainsi lorsque ces pratiques sont sincères. Si des défauts trop nombreux peuvent être constatés chez des personnes pieuses, on peut se dire souvent que ces mêmes personnes seraient cent fois pires si elles n'avaient aucune piété. La religion dompte les mauvais instincts, elle ne les supprime point; elle assouplit les caractères, elle n'en change point la nature originelle: elle met un frein aux passions, elle n'en fait point taire la voix. En un mot, elle ne rend point toujours l'homme parfait, mais elle le fait presque toujours meilleur; il me semble que c'est déjà quelque chose.

J'aurai l'occasion de revenir sur le rôle que joue le christianisme dans l'association conjugale ; mais il me semble qu'on peut dès à présent avancer que ceux-là apporteront moins de facilité dans les relations entre époux, qui n'auront point été façonnés dès leur jeunesse à ces habitudes de devoir, à cet esprit d'indulgence et de charité, à cet oubli de soi et à ce dévouement pour autrui que la religion inspire et sans lesquels la vie à deux risque de n'être qu'une dispute perpétuelle et une bataille de tous les jours.

Nous avons jusqu'à présent passé en revue les causes tenant à la nature et à l'éducation qui pouvaient le plus nuire au bonheur du mariage. C'est ce qu'on peut appeler des causes générales ; elles exercent leur funeste effet sur l'état de mariage comme sur toute autre circonstance de l'existence. Elles proviennent toutes de ce qu'on prend rarement la vie par le bon bout, et se résument dans cette pensée philosophique aussi vraie qu'elle est peu neuve, à savoir que l'homme n'a point de pire ennemi que lui-même. Il nous reste à examiner les causes spéciales, c'est-à-dire celles qui tiennent à la façon dont les mariages sont habituellement contractés.

II.

CAUSES SPÉCIALES

Défaut de préparation. — Idées fausses qui ont cours.

§ 1.

On ne fait pas grand'chose pour préparer l'homme au mariage. Pour la femme, en revanche, on a grand soin de ne l'y point préparer du tout. Si le premier ne sait guère ce qu'il fait en accomplissant un acte aussi grave, on compte bien que la seconde n'en aura pas même une idée et, ma foi, si elle a deviné quelque chose, ce n'est certes point la faute de ses parents. Il semble même que ceux-ci prennent à ce sujet des précautions bien ridicules et malheureusement bien dangereuses. — Parce que vous évitez de parler à une jeune fille du mariage, vous ne l'empêchez pas pour cela d'y penser; parce que vous ne voulez point lui inspirer sur le mariage des idées vraies, vous êtes la cause qu'elle s'en forge de fausses; parce qu'enfin vous refusez d'être pour elle des guides sages et éclairés, vous l'exposez à aller chercher ailleurs de mauvais conseils et de funestes inspirations.

Je suis péniblement impressionné, je l'avoue, lorsque je

vois tant de jeunes filles se représenter leur futur mari comme un porte-respect qui leur fera une position dans le monde, un banquier qui leur fournira de l'argent pour leurs toilettes, un libérateur qui leur ouvrira les portes de la prison où elles ont été tenues jusque-là. — Un homme a lieu d'être fier, n'est-ce pas, de réaliser un pareil idéal. Mais il aurait tort de s'en prendre aux jeunes filles; ce n'est point leur faute si on ne leur a jamais dit qu'un mari pouvait servir à autre chose qu'à gagner de l'argent, à conduire sa femme dans le monde et à lui permettre toutes sortes de libertés qu'on lui refusait dans la maison paternelle. — Celles qui ont lu en cachette quelques romans, ont bien vu qu'il y était souvent question d'un certain sentiment nommé amour; mais il leur a paru aussi que ce n'était point d'habitude entre gens mariés que naissait ce sentiment-là. Elles ont pu remarquer également que les beaux messieurs qui inspirent l'amour dans les livres, avec leurs airs vainqueurs, leurs prouesses chevaleresques et leur triomphante éloquence, ne ressemblaient, hélas! que de fort loin aux simples mortels parmi lesquels on va chercher d'habitude des maris; d'où elles ont conclu sans peine que l'amour n'avait rien à faire dans le mariage.

Et moi qui croyais qu'il y devait figurer avant toute autre chose, combien j'étais loin de compte! — Je m'imaginais naïvement qu'on se mariait pour ne former à deux qu'un corps et qu'une âme, pour fonder une famille qu'on chérirait ensemble et qu'ensemble on verrait avec bonheur prospérer et grandir. Je pensais qu'on se mariait pour se rendre mutuellement la vie douce, pour échanger des idées, bâtir ensemble des projets, s'adoucir l'un à l'autre les peines, trouver les plaisirs meilleurs en les partageant. Point du tout, il parait qu'on s'épouse pour se faire une place dans la société, pour unir des fortunes, pour rassembler des héritages. Le mari, pour avoir un intérieur bien tenu et une maîtresse de maison sachant faire les honneurs de ses salons ; la femme, pour posséder des diamants, sortir seule, courir les petits théâtres et lire tout ce qui lui passe par la tête.

Eh bien, non, mille fois non ; tout le monde, grâce à Dieu, ne se marie point de la sorte. Les écervelés, les vaniteux et les jouisseurs font croire qu'ils forment la généralité, parce qu'ils mènent grand tapage ; mais pour peu qu'on regarde autour de soi, on constate que le nombre est infiniment plus grand qu'on ne croit de ces ménages fondés sur une mutuelle tendresse, satisfaits de leur lot, et ne demandant qu'à cacher aux yeux du monde leur douce intimité et leur tranquille bonheur.

Pourquoi avoir la pruderie des mots et faire de ridicules mystères des sentiments les plus naturels? Pourquoi cacher aux jeunes gens que l'amour répond aux plus nobles besoins de notre cœur? Pourquoi ne point proclamer hautement que l'homme et la femme sont faits pour le ressentir et pour l'inspirer? que l'amour, loin de la dégrader, relève l'institution du mariage, que seul il lui vaut les bénédictions de Dieu et la rend digne du respect des hommes?

C'est ici que se révèle le rôle sublime que joue la religion chrétienne dans l'association conjugale. Avant le christianisme, cette association, telle que nous la comprenons, n'existait point. On n'en avait pas même l'idée. La femme antique était une sorte de servante traitée plus ou moins durement suivant le degré de rudesse des mœurs ;

partout assujettie à l'homme, nulle part son égale. L'union de la femme avec l'homme, subordonnée à l'attrait physique, soumise au caprice des répudiations ou aux humiliations de dégradants partages, ne pouvait être qu'une union inférieure, sans idéal et sans noblesse, aussi différente que la nuit l'est du jour de ce mariage chrétien, lien si doux quoique indissoluble, où deux êtres mettent librement en commun leurs âmes, leurs cœurs, toutes leurs affections et leurs éternelles espérances..

Je n'ai jamais pu lire sans émotion les prières de la messe du mariage. Quel incomparable poème de tendresse ! Quelle union plus délicieuse l'être humain assoiffé d'amour a-t-il pu rêver que cette union où « la femme » soumise à son mari comme au Sauveur » en fait en quelque sorte son Dieu ; et où l'homme « attaché à sa femme » comme à sa propre chair, l'aime comme Jésus a aimé » son Église, » jusqu'à mourir pour elle ! — Quelle plus complète absorption dans la personne aimée l'homme a-t-il pu concevoir que celle qui lui fait « abandonner son père » et sa mère pour s'attacher à sa femme, » de sorte « qu'ainsi ils ne seront plus deux, mais une seule chair et » que l'homme ne devra jamais séparer ce que Dieu lui-» même a uni ! »

Se marier sans éprouver d'amour pour la personne qu'on épouse, sans espérer en ressentir jamais, c'est donc profaner un sacrement, c'est commettre un sacrilège.

Mais j'entends déjà formuler l'objection : avec nos mœurs modernes, lorsqu'on se marie, on se connaît à peine ; comment pourrait-on s'aimer, ou même savoir si l'on s'aimera un jour ? — Ce qu'on peut fort bien savoir, c'est si l'on ne s'aime point, si l'on ne s'aimera jamais.

Lorsqu'un homme et une femme se sont rencontrés plusieurs fois sans éprouver l'un pour l'autre la moindre attraction ni la moindre sympathie ; quand ils *passent par dessus la personne* en considération des avantages que leur procure l'union projetée, ils peuvent être certains que la vie conjugale ne fera point fondre l'océan de glace qui les sépare. L'intimité des deux jeunes mariés, si favorable à l'épanouissement des naissantes tendresses, est impuissante à enflammer deux cœurs qui n'ont point eu l'un pour l'autre le plus léger battement. Tout au contraire, les préventions s'accentuent, les défauts paraissent plus difficiles à supporter, le fossé se creuse de plus en plus profond, et voilà deux malheureux rivés à une chaîne que chaque jour fera paraître de plus en plus pesante.

Et dire que de pareils mariages s'appellent quelquefois des *mariages de raison*, comme s'ils n'étaient point la preuve de la plus insigne folie, celle qui consiste à sacrifier le vrai bonheur à des apparences, à des vanités et à des hochets qui souvent n'en donneront pas même l'illusion !

Mais les *mariages d'inclination*, dit-on de tous côtés, sont ceux qui tournent souvent le plus mal. C'est ce qu'il faudrait d'abord démontrer. Puis, il est à remarquer que le monde ne donne guère le nom de mariage d'inclination qu'à ceux qui sont conclus un peu follement, par des gens à tête chaude et à imagination ardente, bravant sous l'empire de sentiments quelquefois plus vifs que durables, des difficultés et des obstacles qui auraient peut-être dû les faire reculer.

Que l'inclination porte en certains cas à faire des sottises, c'est possible. Qu'on doive parfois ne point l'écouter, cela peut être sage. Mais qu'on puisse parfaitement s'en passer pour être heureux en ménage, cela me paraît absolument impossible, à moins qu'on ait un glaçon en guise de cervelle et un joli petit caillou à la place de cœur.

Je suis convaincu, pour ma part, que l'inclination n'est point chose si rare et si surnaturelle. Lorsqu'un homme et une femme ont ressenti l'un pour l'autre une certaine sympathie, lorsqu'ils l'on sentie grandir à mesure qu'ils se voyaient davantage, lorsque tout ce qu'ils savent l'un de l'autre est fait pour leur donner confiance et leur inspirer de l'estime, je crois qu'il ne leur sera pas bien difficile de s'aimer.

Eh ! mais, me direz-vous, n'est-ce point M. Prudhomme qui parle? Allez-vous donc nous chanter, comme le père de d'Orbel, dans la *Traviata*, que : « l'amour né de l'estime est le seul qui rende heureux » ? — Ne craignez rien, je n'ai aucune envie de vous répéter ces paroles qui m'ont toujours donné envie de rire, malgré le charme que je trouve à la musique de Verdi. — Je sais fort bien que *l'estime* n'a jamais suffi à engendrer *l'amour*. Je sais que les êtres les moins estimables ont inspiré parfois de ces violents caprices, de ces passions irraisonnées auxquels on a pu donner le nom d'amour. Je sais aussi que cet amour-là n'est qu'une impression du cerveau et des sens, un amour à fleur de peau, qui passera vite et laissera un goût amer comme les beaux fruits empoisonnés. Mais je sais enfin qu'il est un autre amour : celui-là nous prend par les plus nobles facultés de notre être; on y met toute son âme et tout son cœur; il est fait de toutes les admirations, de tous les respects et de tous les dévouements; il ne craint rien du temps; il est plus fort que la mort même, car il porte en lui l'espoir de se continuer dans l'éternité.

Eh bien! n'en déplaise aux rieurs, ceux qui cherchent cet amour-là en dehors du mariage peuvent le chercher longtemps. Ils font comme ces insensés qui poursuivent en vain, à travers l'étendue du monde, la fortune tranquillement assise à les attendre sur le seuil de leur maison. Ils vont partout se lamentant, nul ne songe à les plaindre, et c'est justice : au lieu de se donner tant de peine, ils n'avaient qu'à ouvrir les yeux. — Le monde, en effet, n'est point si inhabitable qu'on le prétend et il faut en finir une bonne fois avec cette légende d'après laquelle il n'y aurait point de plaisir dans le devoir, et le fruit défendu serait le seul savoureux. Dieu est trop bon, croyez-le, pour avoir placé le bonheur dans le mal. L'homme seul est mauvais ; et si trop souvent le bonheur lui échappe, c'est parce qu'il s'obstine à le chercher là où il n'est pas.

§ 2.

Si l'on semble ignorer parfois que l'amour conjugal soit la condition indispensable du bonheur dans le mariage, on paraît souvent ne point se douter davantage que le but essentiel de cette institution soit d'avoir des enfants et de les élever.

On s'est dit sans doute que la venue d'un enfant était dans les événements probables ; mais on a repoussé au loin cette perspective comme une pensée importune qui vous troublerait dans vos plaisirs et dans votre bien-être, puisqu'elle ferait entrevoir un long cortège de privations, de peines et de soucis. — Une des plaies caractéristiques de notre époque est l'effroi de plus en plus grand qu'inspire aux femmes la maternité. — On comprend qu'une santé chancelante comme l'ont malheureusement beaucoup de nos contemporaines, fasse redouter les épreuves d'un état habituellement fatigant et d'un moment toujours difficile à passer.

Mais il faut bien croire que cette cause n'est point la seule, puisqu'on voit souvent les femmes les plus robustes et les moins éprouvées par la grossesse, se désoler à la perspective d'être mères pour la troisième ou la quatrième fois. — Il faut admettre que celles-là n'aiment point leurs maris, s'aiment trop elles-mêmes, ou n'ont point la moindre idée des devoirs que leur impose la religion qu'elles prétendent pratiquer.

Ce n'est point l'amour conjugal qui les domine, puisqu'elles sacrifieraient cet amour à leur repos et à leur bien-être. Ce n'est point la fièvre du désintéressement qui les possède, puisqu'elles mettent au-dessus des grâces et des sourires de jeunes petits anges la conservation de leur beauté et la faculté de continuer leur vie de plaisirs. Ce n'est point l'idée du devoir qui les transporte, puisqu'elles fuient la maternité, ce champ de bataille de la femme, de même qu'un soldat sans courage abandonne son drapeau après le premier coup de canon.

Certes, ces femmes-là n'obéissent point à de bien hauts mobiles. On ne les approuve point, mais on les comprend, car l'héroïsme n'est point le fond de la nature humaine. Mais que dire des hommes qui, sans être exposés aux mêmes souffrances et sans courir les mêmes dangers, professent la même manière de voir !

Je ne sais qu'un seul cas où il soit permis de redouter d'être père : c'est celui où la maternité présenterait des dangers pour la vie de votre femme ou risquerait tout au moins de compromettre sa santé. En dehors de cette hypothèse, un homme n'a aucun motif avouable de se plaindre lorsque sa postérité n'a point été limitée à un ou deux enfants.

Il alléguera, je le sais, la division des fortunes, la difficulté de doter les filles, de pourvoir à l'établissement des fils. Tristes raisons que tout cela. On a remarqué précisément que les familles où les enfants réussissaient le mieux étaient les familles nombreuses, et les exemples ne sont point rares de ces fils uniques qui, après avoir abreuvé leurs parents de chagrins, ne gardent pas une miette de cette fortune qu'on tenait tant à leur conserver.

On trouve que de nombreux enfants absorbent trop votre femme et mettent trop de désordre et de bruit dans votre maison. — Ce sont là pensées d'égoïstes. On ne serait point jaloux du temps que les enfants prennent aux mères, si l'on partageait avec elles les soins qu'elles leur donnent. Quant au bruit et au désordre qu'on redoute, s'ils sont intolérables, c'est votre faute. Un petit drôle qu'on gâte et qu'on néglige en fait trois fois autant qu'une demi-douzaine d'enfants bien élevés.

Non, toutes ces raisons et beaucoup d'autres qu'on pourrait invoquer, comme la difficulté actuelle de se faire servir, la cherté des logements et de la nourriture, l'élévation des prix de pension, sont au fond des raisons d'intérêt personnel. Il en coûte de se priver et de se restreindre, de changer ses habitudes et son train de vie, de se condamner à une simplicité d'existence que le nombre croissant des enfants rend de plus en plus nécessaire. — Quant à croire que vos fils mourront de faim parce que vous diminuerez le luxe de votre table, qu'ils seront à plaindre parce que l'étoffe de leurs vêtements sera moins fine, qu'ils seront plus malheureux parce que dès leur bas âge ils auront senti la nécessité du travail, ce sont là de pures chimères. Les enfants ne souffriront que si on leur a donné des besoins qu'ils ne pourront satisfaire et des goûts auxquels il leur faudra renoncer. — Regardez autour de vous, vous trouverez des familles où les ressources étaient inférieures aux vôtres et où chacun pourtant s'est fait sa place au soleil.

Mais une fille ne se marie point sans dot; soit, cela vaut encore mieux pour elle que d'être prise pour son argent. Je reconnais toutefois que cette nécessité d'avoir une dot est le fléau de notre société et la plus triste conséquence des familles peu nombreuses. Dans les pays riches en enfants, les filles, en général, ne sont point dotées. Les garçons, habitués à compter sur leur travail et non sur les héritages, prennent sans trembler leur compagne pour les agréments qu'ils lui trouvent et les qualités qu'ils lui reconnaissent.

S'il doit en être un jour ainsi en France, il faudra une fameuse réforme. Jusque-là, les familles nombreuses souffriront dans certains cas des principes adoptés par une trop grande partie de la population. Ce ne sera pas la première fois que les bons auront payé pour une faute dont ils étaient innocents. Ce n'est point là une raison pour désespérer de la Providence et pour hésiter à remplir son devoir.

Le devoir, toujours le devoir, n'est-ce point à la fin

bien triste et bien sévère, et ne me suis-je point laissé entraîner à peindre la vie de famille sous des couleurs trop sombres? — Aussi me hâtai-je de dire que rien n'est plus gai et plus riant, au contraire, que l'intérieur des familles nombreuses où règne l'esprit chrétien. — Considérez tous ces gens-là, père, mère, enfants, réunis le soir autour de la table commune, après une journée employée au travail, et vous me direz s'ils vous paraissent tristes. Vous verrez quel entrain règne dans la conversation et quel bon rire s'épanouit sur les visages de tous ces êtres heureux de se retrouver ensemble et de se livrer de bon cœur à un repos bien gagné que ne vient troubler aucun remords de conscience. — Croyez-vous que dans ces familles-là, si le travail a ses heures, le plaisir n'ait pas aussi les siennes?

— Par exemple, ce seront des plaisirs simples ; des promenades à la campagne, des exercices physiques et des jeux d'adresse; des réunions sans prétention, de petites sauteries intimes où les toilettes des danseuses n'auront guère d'autre luxe que leur fraîcheur. Pensez-vous qu'on ne rencontre pas là plus de franche gaité, plus d'épanouissement de jeunesse que dans ces fêtes brillantes et ces réceptions somptueuses où les mondains traînent leur désœuvrement et leur air de perpétuel ennui? — L'homme qui a bon appétit ne trouve-t-il point davantage de satisfaction à manger son simple ordinaire que n'en éprouvent les gourmets blasés à déguster les plus savants produits d'une cuisine raffinée? — Le plaisir, en somme, ne s'achète pas toujours, on le goûte surtout en proportion des dispositions qu'on y apporte.

En résumé, des réflexions que je viens de faire, la conclusion est qu'en se mariant l'on devrait songer avant tout à former une union aussi tendre et aussi étroite que possible et désirer ensuite une famille au développement et à la bonne direction de laquelle on mettrait toute sa joie et tout son orgueil.

Le malheur, c'est que cela demande une assez forte dose de désintéressement et qu'il y a là une perspective qui ne plairait peut-être pas à tout le monde. — Je crois pourtant qu'on pourrait la rendre très acceptable, très désirable même pour ceux qui y auraient été préparés. Si nous croyons qu'une telle préparation aurait des résultats heureux pour l'avenir de nos enfants, ne pourrions-nous point l'essayer? Telle est la question que nous allons maintenant examiner.

ROLE DES PARENTS

RELATIVEMENT AU MARIAGE DE LEURS ENFANTS.

I.

Préparation éloignée. — Education.

Voir ses enfants heureux, c'est le rêve de tous les parents; mais être réduit à leur souhaiter le bonheur serait
une perspective bien peu consolante si l'on ne sentait qu'on
peut aussi beaucoup pour le leur assurer. — Dès la nais-
sance d'un enfant, le père prévoyant songe à mettre en
réserve les capitaux destinés à former la première amorce
de sa dot. C'est très bien; mais l'homme ne vit point seulement de pain, et ce serait faire trop peu pour celui qui
entre dans la vie, que de pourvoir à ses besoins matériels,
sans travailler à lui donner au physique comme au moral
tout le développement nécessaire pour tirer le meilleur
parti des dons qu'il a reçus du ciel.

Un des premiers devoirs des parents sera de faire à leurs
enfants une santé robuste. Ils y parviendront, à moins
qu'ils ne soient en présence d'une constitution particuliè-

rement débile ou atteinte d'un virus héréditaire, en exer-
çant une surveillance attentive, en écoutant la voix de la
raison et en s'entourant de conseils éclairés. — On devra
bien se garder d'abandonner sans un contrôle rigoureux
ces petits êtres fragiles à des mains mercenaires. Il faudra [bannir de son genre de vie les soins et les plaisirs qui vous détourneraient du plus important de vos
devoirs. On ne devra pas moins soigneusement éviter de
tomber d'un excès dans, un autre, d'exagérer les précautions, de violenter la nature, d'imiter ces mauvais jardi-
niers qui, à force de tailler, de greffer, de tourmenter leurs
arbres, en font des avortons rabougris. — Si vous voulez
que vos enfants se portent bien, veillez à ce qu'ils suivent
une bonne hygiène, mais bannissez de votre esprit les
craintes puériles. Ils doivent vivre au grand air, supporter
le chaud et le froid, marcher seuls et sans lisières, dus-
sent-ils faire quelques faux pas et recevoir quelques horions.
— Evitez aussi de faire de vos garçons et de vos fillettes
de petits caniches frisés et pomponnés. L'enfant est beau
par lui-même, par son sourire, sa grâce, sa souplesse, par
l'exubérance de vie qu'on sent en lui. Rien ne m'attriste
comme la vue d'enfants affublés de ces costumes compli-
qués qui paralysent leurs mouvements et les font ressem-
bler à des gravures de mode. Franchement, leurs mères
ont eu assez le temps de jouer jadis avec leurs poupées
de carton, qu'elles ne continuent point le jeu avec leurs
pauvres petites poupées en chair et en os!

Il faut rendre ses enfants heureux; mais qu'on soit
bien persuadé qu'on ne les rendra point heureux en les
gâtant. Ce mot *gâter* qu'on emploie si volontiers, ce mot
qui, dans la bouche de certaines mères, prend la douceur

d'une caresse, que signifie-t-il au fond? Ses synonymes sont : *détériorer, perdre*. Un fruit gâté se rejette avec dégoût, et vous voulez gâter vos enfants!

Ah! si l'on savait quel tort on fait aux pauvres petits par cette crainte qu'on témoigne de les contrarier, par cette faiblesse qu'on déploie devant leurs caprices! Si l'on pouvait voir quelles larmes amères leur coûtera plus tard dans la vie cette peur qu'on a de faire couler aujourd'hui quelques pleurs si peu douloureux et si vite essuyés! Si l'on pouvait entendre en quels termes ils déploreront peut-être un jour leur mauvaise éducation, cause de leurs insuccès et de leur vie perdue! Oh! alors, on comprendrait son devoir d'éducateur qui est avant tout d'être *juste*, et qui réclame non moins impérieusement la correction des défauts que l'encouragement et le développement des qualités.

L'éducation des enfants doit commencer très tôt, beaucoup plus tôt qu'on ne le croit. — Dans les premiers temps, ce sera, si l'on veut, du *dressage*, mais un dressage nécessaire pour préparer l'éducation proprement dite. Les pâtes tendres sont les plus malléables. On fera prendre facilement à l'enfant en bas âge de bons plis que celui-ci ne songera plus à perdre, et l'on évitera ainsi pour l'avenir bien des luttes et des tiraillements.

C'est donc très tôt, dès qu'une lueur de raison commence à poindre, qu'il faut songer à former le *caractère*. Rien ne rend heureux dans la vie commune comme un bon caractère; c'est le plus beau cadeau qu'on puisse faire à un enfant, le don le plus précieux qu'une fée bienfaisante puisse déposer dans un berceau. — Mais on naît, me dira-t-on, chacun avec son caractère, personne ne peut rien pour le refaire. Erreur. L'enfant, sauf quelques exceptions malheureuses, a en lui des instincts de bon sens, de justice et de générosité qu'il suffit de développer pour qu'il ne prenne point la vie à rebours et ne soit point sans cesse en révolte contre les événements ou contre ses semblables. C'est une doctrine immorale et impie que celle qui veut qu'on soit bon ou mauvais, suivant qu'on a reçu du hasard (je ne dis pas de la Providence, car quelle serait alors cette Providence?) une *bonne* ou une *mauvaise nature*. Il est au contraire certain que les natures les meilleures sont facilement corrompues par une éducation défectueuse. Il suffit pour cela de laisser se développer les mauvais instincts dont le germe existe chez tout être humain. C'est ainsi qu'on voit se perdre la récolte d'une terre fertile, alors que le cultivateur y laisse pousser en liberté les mauvaises herbes.

En règle générale c'est surtout chez les enfants uniques que se rencontrent les plus fâcheux caractères. Cela tient à ce qu'il a manqué à ces enfants un élément nécessaire au perfectionnement de tout individu : la *contradiction.* — La contradiction n'est jamais chose agréable, mais comme on la rencontre à chaque pas dans la vie, on ne saurait trop tôt s'habituer à la supporter. Dans les familles nombreuses, la contradiction ne manque pas de la part des frères et des sœurs; on est obligé à des concessions fréquentes pour ne point vivre en guerre permanente, on sent que sa volonté n'est point souveraine et qu'elle est entourée d'autres volontés avec lesquelles il faut compter. L'enfant unique, qui dans ses jeux solitaires n'a pour règle que son caprice, s'imagine trop facilement qu'il fera plus tard marcher les autres hommes comme il manœuvre aujourd'hui ses soldats de plomb. — Il aurait plus besoin que tout autre, le pauvre petit, de fréquenter de bonne heure les pensions et de subir le contact de camarades de son âge. Malheureusement les portes de la pension s'ouvriront généralement pour lui plus tard que pour l'enfant des familles nombreuses qui pourrait cependant davantage s'en passer. — On hésite en effet à éloigner de sa vue, même pour quelques heures par jour, l'enfant dont l'absence rendra la maison triste ; on fait venir des maîtres à domicile, on retarde d'année en année le moment de la séparation. Sans doute, on n'agit ainsi que par tendresse, on n'a en vue, croit-on, que l'intérêt de son enfant ; mais en s'examinant bien au fond, ne trouverait-on point qu'on a cherché aussi son intérêt personnel ?

Nous disons donc que dès le bas âge on peut faire beaucoup pour assurer à ses enfants bonne santé et bon caractère. On conviendra que ce sont là déjà deux éléments de bonheur.

Quand les enfants grandissent, le moment est venu de leur faire comprendre qu'ils sont dans ce monde pour *faire quelque chose*. Les garçons, pour servir leur pays d'une manière ou d'une autre, pour être les artisans et les soutiens d'un foyer. Les filles, pour être les compagnes dévouées de l'homme e leur choix, pour exercer les devoirs sacrés de mère, et le rôle si important et si délicat de bonne maîtresse de maison.

Partant de ce principe que vos enfants auront un jour chacun dans sa sphère à *commander*, il faudra absolument leur apprendre à *obéir*. Nul n'est en effet capable de bien exercer un commandement s'il n'a été façonné à l'obéissance.

Or, j'ai déjà eu l'occasion de le dire, l'obéissance est bien peu pratiquée de nos jours. Les jeunes gens sont encore obligés de s'y plier jusqu'à un certain point. Ils sont plus ou moins façonnés à la discipline militaire et sont contraints, quelle que soit la carrière qu'ils embrassent, de se soumettre aux ordres de leurs chefs. Mais les jeunes filles, combien n'en ont jamais fait qu'à leur tête, convaincues que tout dans la vie devait plier devant leur volonté et leurs caprices! — L'officier qui commande à sa troupe le maniement des armes ou qui adresse à un cavalier des observations sur sa tenue à cheval a du moins fait lui-même l'exercice ou pris des leçons de manège. Sans demander qu'une maîtresse de maison ait fait la cuisine ou lavé la vaisselle, ne pourrait-on souhaiter qu'avant d'être appelée à diriger des serviteurs, elle ait au moins une idée des choses qu'elle leur commandera?

C'est très bien de donner à ses filles des leçons de piano ou de dessin, de leur apprendre à faire de fines broderies, de la peinture sur porcelaine et une foule de petits riens élégants. Je souhaiterais seulement que ce qu'on est convenu d'appeler les talents d'agrément n'absorbât point tout le temps des jeunes personnes et n'empêchât point de leur donner des connaissances moins brillantes, si l'on veut, mais infiniment plus utiles. — Je voudrais, en un mot, que les jeunes filles fissent, sous la direction maternelle, un véritable apprentissage de leur futur rôle de maîtresses de maison. Elles se feraient ainsi une idée beaucoup plus nette de ce qu'on peut exiger des serviteurs, elles sauraient comment il faut s'y prendre pour tirer d'eux le meilleur parti possible et, comme conséquence, leur maison ne serait point bouleversée par de perpétuels changements et n'irait point à la diable, chose qui parfois contribue plus qu'on ne pense à dégoûter les hommes de leur intérieur.

Il ne faudrait point croire que ce serait déroger que de savoir au besoin raccommoder des bas, confectionner une layette ou enlever une tache à un vêtement. Autrefois, dans certaines provinces, on apprenait aux jeunes filles à repasser, à ranger des lessives, à faire de la pâtisserie. On ne se croyait point compromise pour s'entendre aux choses de cuisine et l'on ne tenait pas plus mal pour autant sa place dans un salon. Cela se passait ainsi dans les meilleures familles, et l'on peut être sûr que c'est aujourd'hui encore dans les familles les meilleures que les jeunes filles sont élevées le plus simplement. Il n'y a rien de tel que les parvenues pour abuser des services de leurs femmes de chambre et pour avoir peur de faire faire quelque chose d'utile à leurs dix doigts.

Des éducations sérieusement conduites auraient cet avantage de mettre de l'ordre dans bien des budgets qu'on ne sait comment équilibrer. Elles auraient aussi pour résultat, là même où l'on n'est point obligé de compter de près, d'inspirer le goût et l'habitude de la simplicité. Or, chacun, à l'heure actuelle, se plaint du défaut de simplicité. La vanité et l'amour du luxe ont rendu les réunions du monde plus rares et distendent de plus en plus les relations. Les questions d'ameublement et de toilette absorbent la vie, empêchent de s'occuper de choses sérieuses, poussent enfin à des dépenses qui amènent la gêne au logis et souvent la discorde entre les époux.

Il faut bien le dire, les parents qui, au moment d'établir leurs enfants, se lamentent le plus sur la complication de l'existence et sur les habitudes devenues de plus en plus dispendieuses, ont été souvent les premiers à donner l'exemple d'un luxe exagéré et d'une vie molle et sensuelle. Voyez-vous ces sybarites prêchant sur le tard la simplicité et regrettant de n'avoir point élevé leurs fils à la mode de Sparte !

Pourtant, si l'on était un peu raisonnable, serait-il donc si difficile de se corriger? — Voyons, de bonne foi, le bonheur sur cette terre consiste-t-il à combiner des toilettes et des mobiliers? La belle occupation, vraiment, et comme il y a lieu d'en être fier! N'est-elle point à la portée, pourvu qu'ils aient la bourse bien garnie, des plus sots et des plus grossiers parvenus! — Mais dites-vous donc, Mesdames, que telles filles légères, ne sachant point écrire dix lignes sans faire trente fautes d'orthographe, portent des toilettes plus élégantes que les vôtres, que la femme de ce tripoteur d'argent qui passera peut-être demain en cour d'assises se commande chez votre tapissier des ameublements de pur style que vous ne vous donnerez jamais. Regardez vos brillants, ces brillants pour lesquels votre mari a fait des folies, à quoi montent-ils, comparés aux diamants de certaine caboline; et votre coupé, dont l'acquisition vous a gênés pour deux ans, quelle figure fait-il à côté du huit-ressorts de cette drôlesse dont la mère tire encore le cordon, en taillant des bavettes dans sa loge avec les commères du quartier ! — Allons, mettez-vous donc une bonne fois dans la tête que toutes les vanités, les superfluités coûteuses ne vous rehaussent en rien et que la distinction, si elle se trouvait ailleurs que dans la personne elle-même, résiderait de nos jours dans le soin qu'on prendrait de s'abstenir de ce luxe brutal qui à force d'être répandu est devenu *commun*.

Ayez une robe bien faite, fût-elle en lainage ou en simple toile; que votre appartement soit frais et coquet, fût-il tapissé des étoffes les moins coûteuses et les murs en fussent-ils tendus de papier à quinze sous le rouleau, vous aurez l'air d'une grande dame si la nature et l'éducation vous ont faite telle. Certaine de vos voisines, au contraire, se prélassât-elle au milieu de la peluche et du satin, des tapisseries de haute lisse et des fines guipures des Flandres, n'aura jamais l'air que d'une *gothon*. — Si votre fortune vous le permet, achetez de belles choses, satisfaites en cela votre amour du beau et vos goûts artistiques, mais de grâce, *ne travaillez jamais pour la galerie.*

Si l'on a réussi à donner à ses enfants une santé florissante, un heureux caractère, des habitudes de travail et des goûts simples, vous m'avouerez qu'on aura déjà mis dans leur lot, au point de vue de leur futur établissement, quelques chances de bonheur. On aura ainsi accompli ce que j'appellerai la préparation éloignée au mariage. Mais la limite qui sépare l'enfance de la jeunesse ayant été franchie, le moment sera venu de s'occuper de ce que je nommerai la préparation prochaine.

II.

Préparation prochaine. — Détermination de la vocation.

Il vient un âge où chacun doit faire le choix d'un genre de vie et suivre sa vocation.

Pour l'homme, indépendamment du célibat religieux ou

mondain et du mariage, il y a à se prononcer entre de nombreuses carrières. C'est souvent un choix difficile, soit qu'on ne se sente point particulièrement attiré dans une voie déterminée, soit que la voie qui vous tenterait soit trop encombrée pour qu'on puisse espérer la suivre avec succès. Comme il est généralement admis qu'une position est nécessaire pour songer à fonder un foyer, le jeune homme, à moins qu'il ne se sente poussé vers le ministère sacré, remet à beaucoup plus tard la question de savoir s'il se mariera ou non.

Pour les jeunes filles, il est d'usage, au contraire, que, dans une période qui ne s'étend guère que de la dix-huitième à la vingt-cinquième année, elles devront opter entre trois états : femme mariée, religieuse ou vieille fille. Le plus souvent la question ne se pose guère qu'entre les deux premiers termes, l'état de vieille fille passant à tort ou à raison pour être rarement embrassé de plein gré.

Eh bien ! je trouve absurde, je l'avoue, qu'une pauvre fille décide de son sort de la façon dont elle le fait trop souvent. — Sans avoir été mise à même de rien comparer et sans avoir la moindre idée de ce qu'on lui demande, il faut qu'elle choisisse entre deux états dont l'un lui est peu connu et l'autre point du tout.

Certaines jeunes filles élevées au couvent en ont pris l'amour, surtout lorsque la maison paternelle ne leur offrait pas beaucoup de sujets de bonheur. Gâtées par les bonnes sœurs, elles se sont laissé dire que la paix ne se trouvait que dans les cloîtres ; on leur a fait du monde une peinture que je veux croire juste, mais qui, n'eût-elle point été poussée au noir, ne laissait point que de les tromper, puisque entre le cloître qui convient parfaitement à quel-

ques âmes élues et le *monde*, bien fait pour repousser des
cœurs très purs et des esprits très sérieux, se place un
troisième terme. Celui-là, elles ne l'ont souvent pas même
entrevu, bien qu'il constitue cependant le rôle assigné par
la Providence à la plupart des femmes, le rôle d'épouses
et de mères chrétiennes, centre, grâce et ornement d'un
foyer béni de Dieu.

Je ne suis point de ces pères qui maudissent la Providence lorsqu'elle pousse leurs enfants vers la vie religieuse.
Si Dieu appelait jamais quelqu'un des miens à son service,
loin de me désoler en égoïste, je le bénirais et je regarderais
son choix comme un honneur. Mais je voudrais avant
tout, constater chez mon enfant une vocation sérieuse,
éprouvée, et ne laissant place à aucun regret.

Je connais des parents dont le fils, au sortir du collége,
annonça qu'il voulait se faire prêtre. — Fort bien, lui
répondirent-ils, tu vas commencer par faire ton droit ;
lorsque tu seras reçu licencié, si ta vocation persiste, tu
seras libre de la suivre. — Son droit fini, le jeune homme
déclara que sa résolution n'avait point changé. Ses
parents le conduisirent alors eux-mêmes au séminaire
et il n'en devint qu'un meilleur prêtre, pour avoir appris
à connaître le monde et pour avoir honoré ses père et
mère, ainsi que le prescrit le Décalogue.

Lorsqu'une jeune fille, au sortir du couvent, manifeste-
rait le désir d'y rentrer comme novice, je voudrais que sa
mère, sans se désespérer et sans jeter les hauts cris, lui
dît tout simplement : « Ma chère enfant, commence par
» mener pendant deux ou trois ans la vie de famille. Tu
» m'accompagneras dans les réunions et tu vivras comme
» les autres jeunes filles de ton âge. De couvent, il n'en

» sera jamais question. Le délai expiré, si ta vocation n'a
» point fléchi, tu me verras te conduire en souriant à la
» porte du cloître. Je saurai alors que tu suis réellement
» la voie que Dieu t'a tracée et j'aurai l'espoir fondé que
» tu y trouveras le bonheur. » A une semblable épreuve,
les vocations sérieuses ne feraient que s'affermir, les vel-
léités et les engoûments irréfléchis seraient découragés.
A cela ni les jeunes filles ni les ordres religieux n'auraient
rien à perdre.

L'état de religieuse étant une dignité plus haute si l'on
veut, mais dans tous les cas une exception, le célibat
laïque étant rarement recherché lorsqu'on ne se trouve
point dans des conditions particulières, le mariage reste
pour la femme comme pour l'homme l'état le plus habituel.
Or, tout état supposant une préparation, nous sommes
amenés à nous demander quel est et quel devrait être le
rôle des parents dans la préparation et la conclusion du
mariage de leurs enfants. — En général, en ce qui concerne les garçons, on attend que la vie leur ait donné des
enseignements et on ne songe guère à leur parler du
mariage que lorsqu'on commence à craindre qu'ils ne se
laissent trop longtemps retenir par ce qu'on appelle, je ne
sais vraiment pourquoi, les charmes du célibat.

Pour ce qui est des filles, il semble que le mot de mariage ne doive être prononcé devant elles, et encore avec
quel mystère! que lorsque le premier prétendant sérieux
a risqué sa demande. Alors on voit parfois des parents
adorant cependant leur fille, témoigner comme d'une espèce de hâte de la jeter aux bras d'un étranger. Le projet
d'union présente certains avantages; on a peur de n'en
point rencontrer à l'avenir d'équivalents; on croit que

l'occasion échappée ne se représentera plus, et souvent des mariages sont ainsi conclus, sur un oui arraché à de pauvres filles prises au dépourvu qui, lorsqu'ils ont mal tourné, leur font dire : « Hélas ! tout cela s'est passé si vite, qu'un beau jour je me suis trouvée mariée sans avoir su ni pourquoi, ni comment ! »

Mais il n'y a point de prises au traquenard que les jeunes filles qui se sont mariées sans avoir pensé au mariage, il y a aussi celles qui y ont trop pensé.

Il est convenu, je ne sais pourquoi, en France, qu'une jeune personne manquerait de réserve en paraissant envisager ouvertement la perspective de se marier un jour. Elle aurait surtout mauvaise grâce de paraître s'occuper des hommes pour lesquels elle est tenue, de par les convenances, d'affecter la terreur de la brebis à l'égard du loup ravisseur. Il en était ainsi du moins il y a quelques années. On voit maintenant des jeunes filles *fin de siècle* qui ont renversé les rôles et dont les regards font baisser les yeux à de jeunes messieurs très effrontés pourtant, comme s'ils étaient à leur tour de timides agneaux.

Mais j'en reviens à mes jeunes filles jouant encore l'ancien jeu, qui forment toujours, je le suppose du moins, la majorité. — Croyez-vous de bonne foi que parce que vous affectez de ne point leur parler du mariage, elles y penseront moins pour cela, et que parce qu'elles ne doivent point paraître se douter que les hommes existent, les hommes ne viendront pas hanter à chaque instant leur imagination ? Hélas ! vous créez des mystères, et les mystères ont toujours singulièrement tenu l'esprit en éveil. — En voilant la réalité, vous forgez des fantômes, et les fantômes ont pour habitude d'être essentiellement trompeurs et décevants. — Vous laissez la jeune fille se faire d'un état nouveau une peinture absolument fausse et fantaisiste ; vous la laissez se représenter son futur compagnon de voyage sous des traits de héros de ballade ou de prince charmant de conte de fées ; puis, lorsqu'elle est tout à coup jetée dans un milieu absolument différent de celui qu'elle a rêvé, lorsque le personnage de féerie s'évanouit pour laisser la place à un simple mortel, doué d'une honorable moyenne de qualités et de défauts assortis, la jeune mariée crie à la déception et répète en faisant de grands bras : Ah ! si j'avais su !

Et comment aurait-elle su, la malheureuse, puisqu'on n'a rien voulu lui apprendre ? Il ne fallait point qu'elle rêvât, me direz-vous. Allez donc empêcher la jeunesse de rêver et le cerveau de se forger des chimères, alors qu'on ne lui offre en pâture aucune réalité.

Mais on ne peut cependant point dire à une jeune personne .... ! Vous voyez d'ici la tête de M. Prudhomme débitant cette phrase... Et les convenances, *mossieu !* — Comment, ce serait inconvenant de dire à sa fille : « Ma
» chère enfant, tu as toujours été pour nous pleine de
» tendresse, tu es la joie et la vie de notre foyer, lorsque
» tu nous quitteras, ces lieux qu'égayait le rire de tes
» vingt ans deviendront tristes ; mais nous ne sommes
» point des égoïstes ; à ton âge on a d'autres besoins que
» de vivre entre de vieux parents. Le moment est venu de
» regarder autour de toi, nous tâcherons de découvrir
» ensemble quelque bon et loyal jeune homme digne de
» te rendre heureuse, qui t'aimera comme j'ai aimé ta
» mère et que tu aimeras à ton tour comme ta mère m'a
» aimé. A vous deux, avec l'aide de Dieu, vous fonderez

» une nouvelle famille. — Tu connaitras que la mater-
» nité a ses épreuves, mais tu verras qu'elle a aussi ses
» joies ; tu penseras même que les meilleures de celles-ci
» sont celles qui ont été payées, et que malgré les
» sacrifices que parfois ils imposent, rien ne vaut en
» somme sur cette terre l'amour conjugal et l'amour ma-
» ternel. »

Alors, vous parleriez d'amour à votre fille? — Et pourquoi pas. Est-ce que l'amour n'est point chose supérieure
et divine de son essence? Serait-il donc moins saint, parce
que les hommes en ont profané le nom? — Le besoin
d'aimer a été placé par Dieu lui-même au cœur de l'homme
et de la femme. Il n'y a que les brutes et les égoïstes qui
n'aiment personne, et je tiens pour infiniment pure et res-
pectable la jeune fille qui ne consent à mettre sa main
dans celle d'un homme, que résolue à l'aimer de toute la
tendresse d'un cœur qui ne s'ouvrira jamais à d'autre
amour. — Qu'on ne me parle point de ces prudes qui
rougiraient de paraître aimer leur mari. Qui sait plus tard
à quelles idoles elles distribueront les miettes de leur
petit cœur !

Pour me résumer, je dirai donc que, le moment venu,
il me paraîtrait tout à fait opportun que les parents parlas-
sent très simplement à leur fille de l'éventualité du mariage et des sentiments qu'on doit apporter à un acte
aussi sérieux. S'ils savaient gagner la confiance de leur
enfant, ils pourraient à l'instant où il s'agira pour elle de
prendre un parti, lui ouvrir bien des clartés et lui épar-
gner bien des mécomptes. Ils seraient sûrs d'être reli-
gieusement écoutés si la jeune personne avait été habituée
dès l'enfance à constater entre son père et sa mère une

de ces ententes parfaites et une de ces unions intimes qui donneraient un singulier poids à leurs conseils.

Avoir persuadé à son enfant que le mariage est chose importante, qu'il est indispensable pour être heureuse d'aimer son mari et qu'il faut le bien choisir pour pouvoir l'aimer, c'est déjà avoir fait quelque chose. Cette façon d'envisager le mariage et les précautions qu'elle inspirerait, retarderaient souvent sans doute l'établissement des filles; elles en empêcheraient quelques-unes de se marier; de cela il faudrait se consoler, le mariage, quand il n'est pas très heureux, étant cent fois pire que le célibat. — Toujours est-il qu'on verrait encore beaucoup de noces; les hommes et les femmes étant créés pour s'épouser, alors même que les jeunes filles et leurs familles éplucheraient un peu plus les prétendants.

A quoi bon tout cela? me dira-t-on, le mariage est une loterie, vous n'augmentez point vos chances pour avoir secoué longtemps le sac où sont renfermés les numéros. — Alors, vous êtes fataliste. C'est une façon d'envisager les choses, mais cette façon n'est pas la mienne. — Dites-moi donc, s'il vous plaît, à votre tour, pourquoi vous évitez dans la rue les échafaudages d'où il pleut des pierres, pourquoi vous vous enfuyez d'un pays où l'on vient de constater quelques cas de choléra? Vous prenez là une peine bien inutile si nul n'échappe à sa destinée. — Pour moi, je tâche de pratiquer le vieux proverbe : « Aide-toi, le ciel t'aidera. » Si j'ai à marier mes filles, je ferai en sorte de mettre toutes les bonnes chances de leur côté, après quoi je prierai le ciel de faire le reste.

III.

Choix d'un gendre.

§ 1.

La plupart des parents, lorsqu'il se présente un prétendant à la main de leur fille, font porter leur examen sur les points suivants : la fortune, la position, l'honorabilité de la famille. Puis, on se renseigne sur le physique et sur la valeur morale du jeune homme. Enfin, on désire savoir (les mères surtout) quels sont ses principes en matière de religion.

Si j'ai jamais à choisir un gendre, je ne suivrai point tout à fait le même ordre dans mon enquête.

Sans être un catholique bien fervent, hélas ! je suis catholique. Je tiens ma religion pour bonne et j'y suis sincèrement attaché. — Je comprends qu'un protestant, un musulman ou un israélite le soient également à la leur. Je trouve bon que ces gens-là se marient entre coreligionnaires et je ne serais pas plus enclin à briguer leur alliance qu'ils ne seraient de leur côté disposés à rechercher la mienne. Et cependant combien sont moins profondes les différences entre nos divers cultes que les abîmes creusés entre le catholique et le libre penseur !

Les libres penseurs, s'ils étaient logiques, ne devraient point désirer épouser des jeunes filles catholiques. La religion, selon eux, abrutit et asservit les âmes ; elle arrache la femme à l'influence de son mari pour la livrer à celle du prêtre, l'ennemi abhorré, elle l'assujettit à une foule de pratiques absurdes et surannées qui font d'elle une grande enfant avec laquelle le mari ne saurait avoir ni communauté, ni intimité, ni sympathie. Pourquoi donc, quand ils devraient fuir comme la peste ces produits des couvents et de l'éducation religieuse, voit-on au contraire beaucoup de libres penseurs les rechercher de préférence, et au besoin, pour les obtenir, rentrer leurs cornes et cacher leur pied fourchu? Pourquoi donc; c'est qu'ils connaissent bien les libres penseuses et qu'ils savent que la libre pensée amène trop souvent les libres pratiques. S'ils se sont affranchis, en matière de religion, d'une foule de préjugés, ils ont conservé du moins celui de vouloir garder leur femme pour eux seuls. — Voilà pourquoi on voit francs-maçons et mangeurs de curés épouser des femmes catholiques, envoyer leurs filles au couvent et chercher à marier leurs fils à d'anciennes élèves du Sacré-Cœur.

Que des hommes ne croyant à rien ne trouvent aucun inconvénient et voient même certains avantages à prendre des femmes croyant à quelque chose, libre à eux, et c'est là leur affaire. Mais que des jeunes filles croyantes épousent de gaîté de cœur des sceptiques et des athées, c'est ce que je ne puis comprendre. A-t-on jamais vu un catholique pratiquant épouser une libre penseuse? Est-ce donc que les hommes comprendraient la religion autrement que les femmes et que celles-ci trouveraient tout naturels certains accommodements proclamés au contraire impossibles par ceux-là? — Est-ce que, par hasard, la jeune fille penserait que la religion, indispensable pour elle-même, est inutile à son mari? S'il en était ainsi, elle aurait reçu une bien singulière instruction religieuse. Où a-t-on vu que les règles imposées par l'Église ne regardent que les femmes et que les hommes en soient affranchis?

Hélas! il faut le reconnaître. Si les jeunes filles recevaient une éducation sérieusement chrétienne, si ensuite elles n'étaient soumises à aucune influence, on ne les verrait point accepter comme chose naturelle une union qui contient sur la question la plus grave qui soit au monde un germe de si complet et si profond désaccord. Malheureusement, la religion est souvent chez les jeunes filles chose plus superficielle que profonde ; trop souvent aussi, ceux-là même qui devraient le plus veiller à la conservation des principes reçus dans l'enfance sont les premiers à conseiller d'en faire bon marché, alors que ces principes se trouvent en balance avec des intérêts matériels ou des avantages mondains.

Et cependant, quand on y réfléchit une minute et qu'on ne cherche point à s'aveugler soi-même, quelle chose affreusement triste et monstrueuse que cette union d'un homme et d'une femme rapprochés par une attraction purement physique, par des raisons d'intérêt, par des convenances éphémères, séparés au contraire par tout ce qu'il y a de supérieur en eux, les aspirations de leurs âmes, les croyances de leur esprit, leurs espérances futures, attelés au même râtelier comme deux bêtes de somme, mais vivant chacun de son côté par la pensée dans un monde étranger à l'autre, cachant des idées qui ne seraient point comprises et des élans qui ne seraient point partagés. Plus éloignés l'un de l'autre en réalité que deux disciples quelconques d'une même foi qui ont au moins, pour les rapprocher, des formules et des pratiques communes ainsi qu'un même but final où ils espèrent toucher l'un et l'autre quelque jour.

Ces unions du corps où l'âme est étrangère, ces associations pour un temps d'où l'idée d'éternité est bannie me paraissent le plus lamentable des spectacles. Il faut que chez la femme qui s'y résout la religion ne soit qu'une affaire de convenances et de pratiques superficielles, pour que, satisfaite d'une vie large et sensuelle, elle goûte, exempte de regrets, un facile et peu enviable bonheur.

Pour celle, au contraire, qui a gardé de son éducation des principes de solide piété, mais qui, cédant aux conseils d'un père trop peu religieux ou d'une mère trop éblouie par des avantages mondains, s'est laissée aller à confier sa destinée à un homme qui n'a point sa foi, quels sujets de tristesse, que de mécomptes, que de désillusions! — Les premiers jours, le jeune mari amoureux évitera, je le veux bien, tout discours blessant pour la foi de sa femme. Combien de temps cela durera-t-il? On sait à quelle allure revient le naturel lorsqu'il a été chassé. Bientôt, dans la conversation, il se livrera à des moqueries, à des persiflages plus ou moins déguisés. S'il est de trop bonne éducation pour agir de cette sorte, ce seront son silence, ses airs de pitié et de dédain qui feront au cœur de sa femme, sans même qu'il le veuille ou qu'il s'en aperçoive, de cruelles et profondes blessures.

Si l'amour qu'elle a voué à un mari, peut-être aimable d'ailleurs, n'entraîne point la femme à suivre son exemple, n'est-il point à craindre, au contraire, que le malentendu religieux qui règne entre les époux ne fasse bientôt décroître et s'éteindre l'amour? Et alors, si la femme n'a point converti l'homme, si celui-ci ne l'a point davantage gagnée à ses idées, un véritable divorce moral ne s'établira-t-il pas bientôt entre eux? — Privée de son guide naturel, la jeune épouse ne tentera-t-elle point d'en trouver un autre dans son directeur de conscience? Et alors que celui qui aurait pu modérer ses excès de zèle aura perdu, de par son incrédulité, toute autorité pour le faire, ne versera-t-elle point par désespoir, et qui sait, par esprit d'opposition peut-être, dans une de ces dévotions étroites, exagérées, inintelligentes, insupportables même aux hommes religieux, qui creusera entre son mari et elle un fossé toujours plus large et plus profond?

Et quand viendront les enfants, quand l'heure de commencer leur éducation aura sonné, quelles difficultés au sujet du choix des maîtres! Quels tiraillements de toute nature! Quel problème à résoudre que celui de soumettre des enfants à une règle que l'auteur de leurs jours ne pratique point, et de les empêcher en même temps de voir autre chose qu'un réprouvé dans ce père qui n'accomplit jamais rien de ce que l'Eglise ordonne et de ce dont leur mère leur fait à eux-mêmes une condition de salut éternel! Quel prodige de tact, d'habileté, de douceur et d'abnégation ne faudrait-il point de part et d'autre pour faire que les enfants, placés dans une pareille situation, ne manifestassent ni insoumission, ni répulsion, ni préférence, se rendant agréables à l'un et à l'autre de leurs parents, servant, en un mot, ce que l'Evangile déclare impossible, à la fois Dieu et le monde!

Je me résume: l'union entre une catholique et un athée produira les fruits suivants. — A moins de supposer une conversion de l'époux, hypothèse infiniment problématique, de deux choses l'une : ou bien la femme perdra sa religion, ou bien la séparation morale entre elle et son mari ira sans cesse en s'accentuant. Leur vie ne sera point heureuse, l'éducation de leurs enfants, sans cesse heurtée et tiraillée, aura peu de chance de donner de bons résultats. Les parents qui jettent leur fille dans une pareille aventure encourent, à mon sens, une effroyable responsabilité.

Je sais bien qu'on me citera cent exemples d'hommes ne pratiquant point qui ont rendu, malgré cela, leurs femmes heureuses. On ajoutera que s'il leur fallait attendre d'être demandées par des jeunes gens fréquentant les sacrements, trop de jeunes filles risqueraient de coiffer sainte Catherine ; on fera observer enfin qu'un homme sans religion vaut souvent infiniment mieux que bon nombre de catholiques remplis de défauts.

Tout cela peut être très vrai. Oui, l'on a vu des femmes rendues heureuses par des maris ne se livrant à aucune pratique religieuse. Mais ces maris-là étaient des hommes indifférents et non point hostiles ; or je n'ai eu en vue jusqu'ici que des athées et des libres penseurs traitant la religion en ennemie. — Les indifférents dont on me parle voyaient, au contraire, sans déplaisir, leurs femmes montrer une piété qu'ils ne partageaient point. Bien plus, ils tenaient souvent à ce que leurs enfants fussent élevés dans des principes religieux qu'ils trouvaient bons au fond, bien qu'il leur répugnât de les mettre eux-mêmes en pratique. — C'était là, il n'y a pas encore un bien grand nombre d'années, à peu près tout ce que les femmes pouvaient demander aux hommes. En matière de religion, les meilleurs n'en étaient guère qu'à une bienveillante tolérance. Aujourd'hui, il n'en est plus de même : les hommes tendent à se diviser en deux camps bien tranchés. Les catholiques se mettent de plus en plus à pratiquer ; les

autres se montrent de plus en plus hostiles. Amis ou
ennemis, il n'y aura bientôt plus de milieu.

Il y a, dit-on, de mauvais catholiques cent fois pires
que des libres penseurs, parmi lesquels on compte de fort
honnêtes gens. — Je le sais, et jamais l'étiquette catholique, jamais les dehors les plus édifiants ne me porteraient
à scruter moins scrupuleusement les défauts et les qualités d'un jeune homme. Ce ne serait que tout le reste
étant parfaitement satisfaisant, tout ayant été pesé et passé
au crible, que je penserais trouver dans une pratique religieuse sincère et non affectée, une garantie des qualités
que mon examen m'aurait révélées. La religion est un bon
manteau sous lequel on a cherché à voiler souvent bien
des turpitudes; pour moi, avant de me faire une opinion,
je commencerais par relever le manteau pour voir ce qu'il
y a dessous.

Mais enfin, me dira-t-on, refuseriez-vous d'accepter
pour gendre un homme rempli des meilleures qualités,
uniquement parce qu'il ne vous apporterait point un bil'et
de confession ? — Non, certes, et je n'irais pas plus loin
que les Saintes Ecritures, où il est dit que la femme fidèle
peut ramener le mari infidèle. — Pourtant, si ma fille me
tenait ce langage : « Mon père, je ne blâme point ce que
» font les autres, mais pour moi, j'ai toujours rêvé de
» n'avoir avec celui que j'épouserai qu'un cœur et qu'une
» âme. J'ai toujours regardé mes croyances comme mon
» bien le plus précieux; ce bien, je veux le partager avec
» mon époux. Avec celui qui passera avec moi cette
» courte vie, je veux passer aussi l'éternité bienheureuse.
» Je veux voir un jour au ciel mes enfants et pour les y
» mieux préparer, je tiens à ce que mon mari m'aide dans

» ma tâche. Je veux, si je meurs la première, être sûre
» que mon œuvre sera continuée, et si je survis, je veux
» pouvoir élever vers le ciel ma pensée pour y chercher
» celle du père de famille disparu. Catholique, je veux
» être la femme d'un catholique. » Si ma fille, dis-je, me
tenait ce langage, je lui répondrais : « Mon enfant, tu as
» raison, à ta place j'aurais pensé comme toi. »

Avant d'abandonner ce sujet si grave, à mon sens, et
que je me suis peut-être laissé aller à trop développer, je
tiens à ne point laisser croire à une austérité que je n'ai
point et à un rigorisme bien éloigné de mon esprit. — Je
ne me fais point du mariage l'idée d'un état où l'on passe
son temps à prier, et où les offices, les sermons et la réci-
tation du chapelet soient les distractions habituelles. —
Cela se passe ainsi chez quelques saintes gens, mais ils
constituent une exception dont je ne songe point un seul
instant à faire la règle.

Je ne blâme point la haute dévotion, mais je la crois
peu appropriée à l'état de mariage, elle prédispose davantage, à mon sens, à la vie de couvent. — Une foi sincère
se traduisant davantage par des actes que par de longues
oraisons, l'accomplissement de ses devoirs de femme et de
mère, une douce gaité et une grande bonne humeur, une
aimable facilité à se mêler aux occupations et aux distractions de ceux avec qui l'on vit ; une charité se manifestant
par la compassion pour les malheureux et l'indulgence des
jugements portés sur autrui ; la bonté, en un mot, la vertu
souriante et enjouée, voilà ce que je prise surtout chez la
femme chrétienne.

La meilleure manière de prier est encore de faire le bien.
On peut d'ailleurs élever son âme vers Dieu sans attirer

l'attention et sans négliger ses occupations pour cela. Je
connais des ménages qu'on ne voit pas plus souvent que
d'autres à l'église, qui mettent moins que d'autres la conversation sur des sujets religieux. La femme n'est ni pré-
sidente, ni zélatrice d'aucune œuvre; on n'affecte point
une répulsion particulière pour les plaisirs mondains; on
n'est étranger à rien de ce qui est beau et qui captive
l'esprit. Mais on mène une vie irréprochable, on donne le
meilleur de son temps à ses enfants; une partie des revenus du ménage passe en aumônes; les serviteurs sont
traités avec égards; ceux qui ont besoin d'assistance et de
conseils sont toujours bien accueillis. — Quand je vois de
pareils ménages, je dis qu'ils professent la seule religion
que je comprenne, une religion sage et éclairée, celle d'un
Dieu bon et clément qui n'a point voulu qu'on se renfermât
dans la tristesse et surtout qu'on y condamnât les autres.

Pour que l'homme aime la religion, il faut qu'on la lui
montre belle et attrayante comme Dieu l'a voulue et non
comme l'ont rêvée certains esprits chagrins. On rit parfois
de bon cœur même dans les communautés religieuses.
Je veux qu'un intérieur chrétien soit sans cesse éclairé par
un chaud sourire, et c'est dans les yeux et sur les lèvres
de sa femme et de ses enfants que le jeune mari doit
trouver ce sourire charmant où il puise tout son conten-
tement et toute sa gaieté.

§ 2.

Après avoir constaté l'accord sur le point si important
des croyances religieuses, je voudrais, lorsque ma fille me
quitterait pour entrer dans une famille étrangère, qu'elle

rencontrât dans cette famille une grande conformité
d'idées et de manière de vivre avec celles adoptées dans
la nôtre.

On dit communément : on n'épouse point la famille. Je
crois que rien n'est plus faux et qu'on l'épouse au contraire infiniment plus qu'on ne pense. — J'estime, d'un
autre côté, qu'il serait infiniment regrettable de se marier
avec l'arrière-pensée de se tenir éloigné de la famille de sa
femme ou de son mari. Rien n'est plus précieux qu'une
grande intimité de famille, lorsqu'on n'est point deux
égoïstes également décidés à reconnaître par l'abandon les
soins dont vos parents ont entouré votre enfance et à
briser en même temps ces douces relations fraternelles
nouées dès le bas âge, qui ont été les premières amitiés et
qui devraient rester les meilleures. — Or, si l'un des
époux souhaite de voir sa famille adoptée par l'autre, il
faut qu'il soit bien décidé de son côté à adopter celle de
son époux. — De quel droit un mari viendrait-il dire à sa
femme ou une femme à son mari : J'attends de vous toute
espèce d'égards pour mes parents; nous leur ferons de
fréquentes visites, notre maison leur sera toujours ouverte;
pour ce qui est de votre famille à vous, je compte bien
que nous aurons avec elle les relations les plus froides et
les plus espacées ?

Un pareil langage serait odieux et révoltant. Rarement
un des époux oserait le tenir ouvertement à l'autre ; mais
combien se le tiennent à eux-mêmes, et après s'être forgé
un semblable plan de conduite, usent d'une formidable
dose de diplomatie et d'astuce pour arriver à le mettre en
pratique.

Ce plan réussira quelquefois en ce sens que les relations

seront écartées sans qu'un éclat violent se produise dans le ménage. Mais que de justes sujets de froissement et de tristesse résulteront de cet attitude hostile de votre époux vis-à-vis de parents que vous étiez habituée à respecter et à chérir ! Quelles piqûres sourdes et incessantes bien capables de tuer l'amour, en vous faisant douter d'un cœur qui ne craint point de vous offenser ainsi !

On doit donc désirer, pour dégager une union de tout nuage menaçant, que chacun des futurs mariés se dispose à se donner résolument et de tout son cœur à sa famille adoptive. Pour qu'il puisse en être ainsi, encore faut-il que cette famille nouvelle inspire de réelles et légitimes sympathies. Quelque chose vous choque-t-il au contraire dans ses idées et ses habitudes ; ce qu'on a cru découvrir du caractère vous a-t-il déplu, on fera bien de ne point passer outre. Les circonstances et les frottements de la vie pourront faire naître après le mariage assez de dissentiments pour qu'on n'affronte point des désaccords et des antipathies qui se seraient révélés avant la cérémonie, à une époque où chacun prend sur soi et tâche de se faire voir sous son jour le plus favorable.

Je crois que lorsqu'on regarde autour de soi, on constate en général que plus d'hommes vivent en bonne harmonie avec la famille de leur femme que de femmes avec celle de leur mari. Cela tient, je suppose, à ce que le jeune homme, avant de se marier, a pu davantage voir et apprécier les parents de la jeune fille. Souvent il les aura rencontrés dans le monde et il aura été reçu chez eux. Ils étaient présents, du moins, aux entrevues organisées par quelque ami commun. — Quant aux parents du futur, la jeune fille ne les aura entrevus, la plupart du temps, qu'au moment de la demande en mariage et, si l'on n'habite point la même ville, ce n'est qu'après la noce que la bru franchira la porte du salon de sa belle-mère. — Or, c'est une chose capitale que de voir les gens dans leur cadre habituel ; dans les lieux où ils exercent leur direction et leur autorité. — Que de jeunes filles auraient dit *non* au lieu de *oui* s'il leur avait été donné de voir pendant un jour la mère de leur futur dans son rôle d'épouse, de mère et de maîtresse de maison !

S'il est difficile, aujourd'hui qu'on se marie souvent au loin, de se rendre un compte exact des habitudes de la famille avec laquelle on s'allie, on peut toujours savoir à quel milieu social elle appartient. — C'est ici qu'il conviendra de prendre pour guides une conscience modeste de sa valeur et une fierté exempte de morgue et d'orgueil.

Mme Jourdain était fort sensée de vouloir un gendre de sa condition et M. Poirier n'a point eu lieu de se féliciter d'avoir donné sa fille à un marquis. Au siècle de Louis XIV comme au nôtre, le théâtre a pris à partie les braves gens tourmentés de la manie des titres et des hochets, ce qui n'a point diminué, loin de là, la valeur des hochets et des titres. — La vanité est vieille comme le monde, et elle ne finira qu'avec lui. Eh bien, on peut le dire, rien ne fait faire plus de bêtises que la vanité. Quand elle est en jeu à propos d'un mariage, elle fait qu'on se précipite tête baissée dans les plus périlleuses aventures, à la façon de ces pauvres alouettes que la vue du miroir fascine et livre sans défense aux coups du chasseur.

On proclame bien haut qu'aujourd'hui tous les hommes se valent et que la révolution a brisé les barrières qui séparaient les différentes castes. Cela est bon à dire, mais allez voir un peu dans la pratique. Est-ce que la particule a perdu quelque chose de sa valeur? Est-ce que beaucoup n'en possédant pas ne cherchent point à en prendre, sachant parfaitement ce que cela rapporte? Est-ce que la vieille bourgeoisie ne regarde point d'un œil méprisant la bourgeoisie d'hier? Est-ce que le haut commerce n'écrase pas de son dédain le commerce de détail?'— Il en est absolument comme chez nous dans la libre Amérique, parce que le plaisir de s'élever et de rabaisser ses semblables est un sentiment essentiellement humain que les grandes âmes seules ne connaissent point.

Un jeune homme pourvu d'une particule plus ou moins authentique, croira toujours faire un grand honneur en l'épousant à une jeune fille de la bourgeoisie et du commerce, quand même elle serait charmante et distinguée, lui, mal tourné et ignorant; quand même, en échange de la magnifique dot de sa future, il n'aurait que des dettes à apporter. — Eh bien, je n'admets point que, lorsqu'on a l'âme fière, on accepte ainsi l'honneur qu'on daigne vous faire. Il faut, à mon sens, que dans un mariage, l'honneur soit réciproque. Je trouve qu'on doit être conséquent avec soi-même; si l'on s'estime d'une espèce supérieure, on ne doit point se mésallier. — Autant je suis disposé à prendre bonne opinion d'un jeune homme titré, riche et en position de choisir qui, dépourvu de préjugés et s'attachant davantage au fond qu'à la forme, aura pris sa femme pour son charme et ses qualités, dans une de ces familles nobles de cœur sinon de race comme il en existe tant; autant j'ai une triste idée de ces beaux fils sans le sou qui ne cherchent qu'à redorer leur blason au moyen d'un gros sac d'écus, sans s'inquiéter si cet argent-là sent mauvais ou non. — Les hommes de cette dernière espèce se rencontrent encore assez fréquemment. Ceux de la première sont plus rares, et il serait imprudent de compter en trouver un pour sa fille.

Si la vanité a des inconvénients, l'excès de modestie a aussi les siens. Si l'on doit éviter de viser trop haut, il faut également se garder de viser trop bas. — Je comprends que des parents tiennent à entrer de plain-pied dans la famille de leur gendre, et ne puissent supporter l'idée de ces petits airs protecteurs et de ces dédains polis trop en usage de la part de ceux qui sont *nés* vis-à-vis de ceux qui ne le sont pas. Je comprends surtout qu'ils ne veulent, pour rien au monde, subir la grosse fatuité et le bruyant étalage de luxe des parvenus. Mais je ne comprends pas du tout que, sous prétexte que la personnalité de l'homme est seule à considérer, ils exposent leur fille au contact d'une famille honnête, je le veux bien, mais par trop inférieure sous le rapport des sentiments et de l'éducation. — Dans un semblable milieu, ses délicatesses seraient froissées, toutes ses idées de savoir-vivre et de distinction seraient péniblement heurtées. Bref, elle serait réduite à fuir les parents de son mari ou à en rougir lorsqu'il n'y aurait pas moyen pour elle de les éviter.

La légende du jeune ingénieur fils de paysans qui épouse la jeune personne du monde riche, belle et distinguée, fait très bien dans les romans. Dans la vie réelle, c'est toute autre chose. — Tient-on à un ingénieur, il n'en manque point dont la famille est l'égale de la vôtre. Quant à ceux qui sont très bien quoique partis de très bas, ils trouveront aisément des jeunes filles très bien aussi quoiqu'elles ne soient point parties de plus haut qu'eux; et comme on n'aura point à se reprocher l'un à l'autre ses parents, comme on ne se heurtera point perpétuellement par tous ces petits détails où se révèlent une origine et une éducation dissemblables, qui n'ont l'air de rien, mais qui jouent un rôle énorme dans la vie, on pourra, si l'on veut, réaliser l'accord parfait, et tout sera pour le mieux dans le meilleur des mondes.

En résumé, je crois que les plus sûres garanties qu'on puisse rencontrer consistent encore dans l'équivalence des positions du jeune homme et de la jeune fille. Egalité autant que possible de famille, d'éducation et de fortune. Dans ces conditions-là, rien n'étant pour l'un des futurs une raison déterminante de conclure l'alliance nonobstant le défaut de sympathie, il est donc à présumer qu'on se marie pour soi, ce qui est la meilleure manière de se marier.

§ 3.

En parlant de la similitude de situation entre les familles, j'ai prononcé le mot d'égalité de fortune. Il est bien entendu que je prétends parler seulement d'une égalité relative. Loin de moi l'idée que les dots doivent être pesées au trébuchet. Je serais même très disposé, l'éducation étant égale de part et d'autre, à voir la richesse s'allier à la pauvreté, surtout si c'était la jeune fille qui fût pauvre. Le seul inconvénient d'une pareille union serait, pour le jeune homme, l'arrière-pensée qu'il a pu n'être point accepté pour lui-même.

Quoi qu'il en soit, les jeunes gens assez bien dotés pour n'avoir point à se préoccuper de ce qu'apporte la personne qu'ils épousent sont très rares, et c'est un devoir pour les parents que de veiller à ce que leurs enfants n'entrent point en ménage sans ressources suffisantes. Un proverbe vulgaire prétend que lorsque le foin manque au râtelier les chevaux se battent. Je ne crois pas non plus que l'eau claire soit une alimentation de nature à faire vivre long-temps l'amour.

Il n'est point assurément à la portée de tous les parents de constituer de grosses dots ; mais il ne faut point perdre de vue que les gros revenus sont chose tout à fait relative. Tel apport qui comblerait mes désirs paraîtrait constituer la misère aux yeux de mon voisin. Le *criterium* pour se rendre compte si un jeune ménage a vraiment de quoi vivre, c'est de savoir si ses ressources égalent ses besoins. — Reste-t-il au bout de l'année quelque chose à mettre en réserve pour l'avenir, on possède la vraie richesse et l'on n'a rien à envier à ces faux riches qui, travaillant sans cesse à joindre les deux bouts, n'y parviennent point toujours.

C'est aux parents qu'il appartient d'inspirer à leurs enfants des goûts modestes et de leur donner l'exemple de la simplicité. — Or, cette simplicité, je voudrais qu'elle consistât moins dans la privation systématique de ce qui embellit la vie, que dans l'art de se procurer par l'ordre et le savoir faire, toute la somme d'élégance et d'agréments compatible avec un sage emploi de ses revenus.

Dans telle maison, l'on dépensera beaucoup ; le mobilier sera d'un goût douteux, la table médiocre, le service mal fait, la mise négligée. Dans la maison voisine, avec une moindre dépense, régneront le goût, l'ordre, l'abondance, une élégante simplicité. — Ici, il n'y a rien de perdu, tandis que là, tout s'en va en gaspillage. — Il est de fait que certaines femmes dépensent des sommes énormes pour leur mise et celle de leurs enfants, qui obtiennent un moindre résultat que d'autres dont le soin fait durer infiniment plus longtemps les costumes et dont l'adresse sait les faire revivre dans d'heureuses et multiples transformations. Certaines femmes aussi tirent un meilleur parti d'une ou de deux servantes que d'autres de nombreux domestiques des deux sexes. — C'est dans tous ces détails que se juge la maîtresse de maison : la femme frivole imposant à son mari des charges auxquelles il ne peut suffire, ou cette femme précieuse qui est un véritable trésor, entre les mains de laquelle l'or paraît se multiplier, tant elle en sait faire un excellent et fructueux usage.

J'en reviens à mon *dada*. Je voudrais que nulle jeune fille ne se mariât sans avoir fait, sous la direction de sa mère, l'apprentissage de son rôle de maîtresse de maison. Elle s'habituerait ainsi à connaître la valeur des choses et à ne point prodiguer, pour des enfantillages, cet argent que son mari a parfois tant de peine à gagner. Elle n'aurait point, au lendemain de la prise de possession de son royaume, de ces soifs d'émancipation la portant, pour établir sa domination, à tout mettre chez elle sur un pied extravagant. Elle ne ferait point comme ces cavaliers improvisés qui crèvent leur monture dans des courses folles ; mais comme ces écuyers qui, dès longtemps formés aux leçons du manège, adoptent tout naturellement, lorsqu'ils sortent dans la campagne, une allure sage et modérée.

Or, dans la grande expérience de l'entrée en ménage, il s'agit de bien débuter. On pourra toujours, plus tard, augmenter son train de vie ; il sera au contraire fort difficile de le restreindre. Au premier cas, on se sera ménagé pour l'avenir une source de jouissances progressives; au second on se sera réservé une succession de déboires et de désenchantements.

Habituons donc nos filles à se contenter de peu, de façon à ce qu'elles se trouvent heureuses avec peu. S'il leur est donné de faire un établissement plus brillant que celui qu'on aurait pu espérer, elles ne seront jamais embarrassées du superflu ajouté par la Providence au nécessaire qu'on aura travaillé à leur procurer.

§ 4.

En ce qui concerne les agréments physiques d'un prétendant, le charme de son esprit, la distinction de ses manières, en un mot pour ce qui constitue ce que j'appellerai les dehors, il est évident que la jeune fille doit être le seul juge. On plaît ou on ne plaît point : c'est un fait matériel qui ne souffre aucune discussion ; or, comme votre fille se marie pour elle et non pour vous, un jeune homme vous parût-il absolument charmant, s'il ne lui produit point le même effet, vous n'avez qu'à vous incliner. On ne doit jamais violenter une inclination. Le seul droit que je reconnaisse aux parents est un droit de *veto*. Je dirai plus tard dans quelles conditions il me paraît qu'on puisse en user.

Mais avant de quitter le sujet délicat du prétendant qui plaît et de celui qui ne plaît pas, il me reste quelques observations à faire. — Lorsqu'après deux ou trois entrevues, la mère vient dire à sa fille : Comment trouves-tu décidément ce monsieur qui a demandé ta main et que faut-il lui répondre? la pauvre enfant doit être souvent bien embarrassée. Certainement le jeune homme à première vue ne lui a point déplu, mais arrivera-t-il à lui plaire? En le voyant davantage, ne sentira-t-elle point, au contraire, se dissiper graduellement la sympathie qu'elle avait cru ressentir tout d'abord? Cependant, comme on la presse, comme il faut absolument se décider, la fillette, qui juge peut-être le moment venu de suivre l'exemple de ses amies déjà mariées et qui n'a point d'ailleurs d'objections bien graves à formuler, se laisse aller à dire un *oui* timide ou un *comme vous voudrez* équivalent pour les parents à un consentement formel.

Eh bien, je trouve fort mauvais de se décider ainsi à la légère et de se contenter d'une vague adhésion que des instances un peu trop vives ont parfois arrachée. Il faut que la jeune fille soit libre, tout à fait libre. Si elle a besoin de temps pour prendre un parti, qu'on lui laisse tout le temps nécessaire. Un homme, s'il est délicat, comprendra des hésitations bien naturelles, et les délais qu'on lui impose ne lui paraîtront point blessants. Il aimerait mieux renoncer à celle qui lui a plu que la recevoir surprise ou contrainte; si un jour elle doit mettre sa main dans la sienne, il voudra que ce soit de sa pleine et libre volonté. Quant aux vaniteux et aux malappris qui témoigneraient du dépit ou de l'impatience, on peut les laisser aller chercher ailleurs; on ne perdra pas grand'-chose à leur retraite.

On me dira, avec raison, que notre état social se prête peu aux longs stages et que les occasions sont rares pour les jeunes gens de s'étudier d'un peu près l'un l'autre. — Les réunions mondaines sont peu fréquentes; elles perdent de plus en plus le caractère intime pour prendre celui de cohues où se rencontrent des personnes se connaissant à peine et des jeunes gens qu'on a invités ne les connaissant point du tout, au hasard d'une liste de danseurs. — S'il prend à l'un de ces messieurs l'idée de rechercher votre alliance, vous pourrez peut-être vous procurer des renseignements circonstanciés sur son compte ; mais votre fille ne le connaîtra guère pour lui avoir accordé quelques valses et quelques quadrilles. — Où le verra-t-elle ; où le verrez-vous vousmême de plus près et de façon à pouvoir réellement l'apprécier ? Dans d'autres bals ? cela ne vous avancera pas beaucoup. Chez vous ? il ne pourrait s'y présenter d'une manière assidue que sa demande agréée. — C'est alors qu'il serait utile de trouver des amis communs ayant un salon ouvert où de petites réunions, le soir, autour d'une tasse de thé, ne feraient point événement. — Là, tantôt chez l'un, tantôt chez l'autre, se voyant de plus près et dans un milieu moins banal, les jeunes gens pourraient s'étudier à loisir et s'apparaître l'un à l'autre sous un jour plus vrai ; s'ils se sentaient peu à peu attirés l'un vers l'autre, si leur mutuelle sympathie allait toûjours en grandissant, le jour venu de donner son consentement, la jeune fille pourrait envisager avec calme et confiance l'avenir ouvert devant elle.

Il ne faut point songer à réformer son siècle ; mais on peut jusqu'à un certain point choisir son genre de vie et se tracer une ligne de conduite. — En fait de relations, qui vous empêche de préférer la qualité à la quantité ? Vous serez bien malheureux si vous n'êtes point parvenu à vous faire un petit cercle d'amis et de gens ayant sur tous les points essentiels, vos idées, votre genre de vie et vos aspirations. Ce sont ces relations-là qu'il faut surtout cultiver. Les circonstances pourront vous en imposer d'autres; vous vous rencontrerez avec des gens ne pensant comme vous sur aucun point et dont la vie sera dirigée au rebours de la vôtre. A ceux-là, lorsque l'occasion vous mettra en leur présence, vous ferez bon visage. Mais, dès que vous le pourrez, vous reviendrez bien vite à ceux auprès de qui vous vous sentez en communauté d'esprit et de cœur. Il vous semblera en les retrouvant qu'après un voyage à l'étranger vous touchez enfin le sol de la patrie.

Eh bien, croyez-moi, dites-vous bien et répétez à vos filles qu'il faut se marier dans sa patrie. C'est-à-dire dans son milieu moral et intellectuel, dans l'atmosphère natale où l'âme s'est développée, où elle respire à l'aise, dont elle a besoin pour s'épanouir en plein bonheur, privée de laquelle elle s'étiolerait bientôt découragée et languissante.

§ 5.

Il peut se présenter pour les parents une situation particulièrement douloureuse. C'est le cas où leur fille aurait conçu de l'inclination pour un homme indigne d'elle ou appartenant à une de ces familles tarées auxquelles les familles honnêtes ne sauraient s'allier sans déchoir. Ce malheur-là peut arriver aux jeunes filles les plus pures. Les hommes vertueux n'ont point le monopole de plaire, et des vices honteux se voilent souvent sous des dehors charmants. Des êtres profondément pervers ont été doués parfois d'une singulière puissance de séduction. Quoi d'étonnant à ce qu'une âme droite et confiante se soit laissé prendre aux ruses de l'hypocrisie; ou que des taches dans le passé ou dans l'entourage soigneusement cachées, se découvrent seulement lorsqu'il est trop tard pour empêcher l'amour de naître?

Les jeunes filles mal élevées, romanesques, laissées sans surveillance, seront plus exposées que d'autres à une semblable aventure, mais, je le répète, les meilleures et les plus parfaites n'en sont point toujours à l'abri.

Eh bien, en pareille circonstance, que devront faire les parents? — Je répondrai qu'il n'y a point à hésiter une minute. On doit refuser son consentement s'il en est temps encore ; au cas contraire on doit rompre, fût-ce à la veille du mariage, fût-ce à la dernière minute, fût-ce au moment de paraître devant l'officier de l'état civil. On ne transige point avec l'honneur. — On provoquera un épouvantable scandale, on affrontera les scènes les plus cruelles, on fera verser un déluge de larmes ; soit, cela vaudra mieux que de voir sa fille l'épouse d'un misérable, ou la complice de voleurs en prenant sa part du luxe procuré par un bien mal acquis.

Si vous avez mis dans l'âme de votre enfant des sentiments de droiture et de noble fierté, elle pourra se révolter au moment du sacrifice ; elle pourra vous trouver alors cruel et inhumain ; mais croyez bien que plus tard elle vous rendra justice et vous remerciera, sa vie restât-elle à jamais brisée, de lui avoir du moins conservé l'estime d'elle-même dans le naufrage de son bonheur.

De temps à autre il est donné de constater de ces lamentables méprises. Malheureux sont ceux dont les yeux ne sont ouverts que lorsque les choses sont déjà avancées ; plus malheureux encore ceux auxquels la vérité n'apparaît que lorsque le mariage a été célébré. Ce sont ceux-là surtout qu'il faut plaindre, parce que pour eux le mal est sans remède.

Grâce à Dieu, il est rare que des sentiments assez puissants aient été inspirés aux jeunes filles pour qu'elles demeurent inconsolables d'un projet de mariage rompu. La plupart s'en consolent et s'en consolent même très bien. Si elles pensent parfois à cet épisode de leur vie, c'est à la façon de ce marin qui, rentré heureusement au port après la tempête, songe au récif où sa barque à failli sombrer.

Les grandes passions ne naissent point si facilement de quelques rencontres, et les petits emballements intempestifs sont bientôt calmés, lorsque les parents y apportent un peu de patience et de tact. — Un voyage, quelques distractions, des toilettes nouvelles suffiront le plus souvent à changer le cours des idées.

J'ai dit qu'il ne fallait jamais marier une fille malgré elle ; je voudrais tâcher de préciser maintenant dans quelle mesure, à un mariage paraissant convenir à leur fille, les parents devraient opposer leur droit de *veto*.

J'ai affirmé qu'il n'y avait point à hésiter une minute lorsqu'on avait découvert soit chez le jeune homme, soit dans sa famille, une de ces tares qui entachent l'honneur. Mais sans que l'honneur soit directement en jeu, n'est-il point d'autres raisons qui puissent dicter le refus d'un père ou d'une mère de famille ?

§ 6.

Il est convenu qu'aux yeux du monde on n'a point cessé d'être un homme d'honneur, parce qu'on est un joueur ou un libertin ; un dissipateur, eût-il mangé dix fortunes, n'est point déshonoré pour autant ; un névrosé qui a eu des parents morts fous et qui risque de devenir fou lui-même, un descendant de phtisiques voué à la phtisie, un scrofuleux dont le sang charrie le virus héréditaire, peuvent être d'ailleurs parfaitement honorables. — Est-ce que vous leur donneriez votre fille ? Et si, parce que l'aveuglement résultant d'une inclination un peu vive ou l'inexpérience de son jeune âge la faisaient vous supplier de passer outre, vous aviez la faiblesse de céder à ses sollicitations, ne seriez-vous point des parents lâches et sans caractère, qu'elle pourrait rendre plus tard justement responsables de toutes les catastrophes entraînées par votre impardonnable légèreté ?

Eh bien, ces légèretés-là qu'on ne saurait comprendre en théorie, combien de fois ne se laisse t-on point entraîner à les commettre dans la pratique? On dirait, dans certains cas, qu'on cherche à se mettre un bandeau sur les yeux. Combien ne circule-t-il point dans le monde de ces raisons inventées pour se dissimuler à soi-même des inconvénients ou des dangers qu'on est décidé à ne point voir, lorsqu'on est arrivé à ce moment psychologique où il semble qu'il faille établir sa fille à tout prix !

Le jeune homme aime le jeu ; mais une fois en possession d'un intérieur, il n'y songera plus. Il a mené joyeuse vie ; mais les anciens viveurs font les meilleurs maris. Il a mangé pas mal d'argent ; cela prouve qu'il est désintéressé et qu'il ne lésinera point avec sa femme. Il y a eu des poitrinaires ou des fous dans sa famille ; mais après tout, en cherchant bien, où n'en trouverait-on pas ?

Mauvaises raisons, que tout cela. Qu'on les invoque lorsque, décidé à faire une bêtise, on cherche à l'excuser aux yeux du monde ou à ses propres yeux ; mais qu'on ne s'y laisse point prendre, si l'on n'a pour mobile que le véritable intérêt de son enfant.

Non, le joueur, je parle du joueur de profession, ne se corrige pas plus de jouer que l'ivrogne de boire. Non, les prodigues ne deviennent point tout d'un coup économes. Non, les libertins ne font point les meilleurs maris et meurent habituellement au contraire dans la peau de vieux libertins.

Ici, je m'explique, bien que sur cette question délicate, il me soit impossible d'entrer dans tous les détails. La jeunesse excuse bien des choses. On peut avoir cédé à certains entraînements, tout en étant resté au fond très honnête et très capable d'éprouver plus tard un amour vrai. Je n'irais point demander à un futur gendre des certificats de mœurs irréprochables ; mais je me défierais invinciblement de ces hommes aux instincts grossiers, attachés au vice, habitués à se complaire dans des milieux interlopes ; de ceux-là aussi qui, rivés à une chaîne sans dignité, ne se décideraient à la rompre qu'à la veille d'en contracter une plus avouable ; mais peut-être avec des regrets cachés et l'espoir de la renouer bientôt. Les hommes ici me comprendront. Des heures d'entraînement, quelques escapades, quelques folies peuvent laisser l'âme fière et le cœur haut placé. L'inconduite habituelle, la fange où l'on se complaît impriment au contraire de ces taches que toute l'eau de la mer ne saurait parvenir à laver.

Si vous avez une fille, ne la donnez point à un joueur, ne la donnez point à un débauché. — Ne la donnez pas davantage à un malade ou à un détraqué. Si vous ne voulez point qu'elle passe sa vie dans les larmes, n'en faites point une infirmière, la femme d'un être chétif, la mère de pauvres petits êtres disgraciés. Ne la privez point dans la personne de ceux qu'elle aimera, de ces deux biens précieux : la santé du corps et la santé de l'âme. Dites-vous que rien ne réjouira votre vieillesse comme de la voir l'heureuse épouse d'un homme sain au physique comme au moral et l'heureuse mère de beaux enfants intelligents et vigoureux.

§ 7.

Les parents doivent donc s'opposer à tout projet de mariage qui, comme dans les cas dont nous nous sommes occupés, semblerait présenter pour leurs enfants la perspective probable d'irréparables malheurs. Mais ils méconnaîtraient singulièrement leurs devoirs, si une pensée d'égoïsme ou de commodité personnelle venait jamais à être la cause déterminante de leur refus. — Les enfants se marient pour eux-mêmes ; voilà ce qu'il ne faut point oublier. — L'union qui les attire a-t-elle des chances de faire leur bonheur, qu'importe qu'elle ne réalise point, en ce qui vous concerne, des projets ardemment caressés ! Empêcheriez-vous votre fille d'épouser l'homme de son choix, parce que, craignant les dangers de la vie commune, il refuserait d'habiter avec vous, ou parce qu'attaché à une carrière, il lui répugnerait de la briser pour venir se fixer dans votre ville ? — Si vous faisiez cela, je dirais que vous n'aimez point votre enfant ; et, si vous me répondiez que c'est précisément parce que vous l'aimez plus que tout au monde, que vous tenez à ne vous en point séparer, je vous soutiendrais que vous l'aimez mal, car le véritable amour n'a jamais reculé devant le sacrifice.

Quand en restreignant, par de ridicules exigences, le champ où peut se fixer son choix, vous aurez décidé votre fille à conclure une union qui n'aura peut-être d'autre mérite à ses yeux que celui de la laisser auprès de vous ; quand par votre ingérence intempestive dans les affaires du jeune ménage vous y aurez jeté le trouble et la désunion, serez-vous plus avancés d'être les témoins journaliers des désillusions de la jeune épousée et les confidents de ses regrets, que si vous receviez de loin des lettres joyeuses toutes remplies de l'expression de son bonheur, en savourant par le souvenir ou par l'espérance les doux moments des réunions bénies ?

Le désir de grouper ses enfants autour de soi, assurément légitime lorsqu'on peut le satisfaire sans que ceux-ci en souffrent, alors même qu'il leur devient préjudiciable, a encore son excuse et n'est dicté du moins par aucun mobile inavouable. Mais que pourraient alléguer pour leur défense ces pères auxquels des motifs purement égoïstes auraient servi de guides et qui n'auraient vu dans le choix d'un gendre que l'intérêt de leur carrière, de leur industrie, de leur fortune politique ou de leur soif des honneurs ? — Des parents sacrifiant leurs enfants à de pareils mobiles me font songer à Ugolin dévorant les siens pour leur conserver leur père.

Je ne veux point m'appesantir sur de semblables hypothèses. Elles sont plus communes qu'on ne le voudrait pour l'honneur de l'humanité ; mais elles sont inconnues, du moins, je l'espère, du monde pour lequel j'écris. Ce monde-là n'entend rien à la fameuse tactique de la lutte pour la vie. Son cœur n'a point revêtu la triple cuirasse d'airain qui repousse les scrupules et sur laquelle les remords viennent se briser. Pour certaine nouvelle école au contraire, le mariage est une bataille comme une autre dont le vaincu doit payer la rançon, quand il n'est pas l'association de deux bêtes de proie s'entendant à garnir leur repaire du fruit de leurs rapines et de la dépouille des faibles qu'elles ont terrassés.

Comment de pareilles unions sont-elles contractées? Quelles règles y président? Quels mobiles les déterminent? Il y aurait certainement là une curieuse étude à faire. Ce n'est point moi qui l'entreprendrai. Ces gens-là habitent une région trop éloignée de la mienne; de trop vastes mers nous séparent que je n'ai nulle envie de franchir.

Il est encore, grâce à Dieu, dans notre pays de France des milieux sains et honnêtes où la dignité et la bonne harmonie règnent dans les ménages. Là il est souvent donné de contempler le réjouissant spectacle d'époux tendrement unis et heureux de leur mutuel amour. — C'est ce bonheur-là, lorsque nous le rencontrons sur notre chemin, que nous envions pour nos enfants, nous autres pères de famille. C'est parce qu'il me paraît constituer ce qu'il y a de plus désirable sur la terre, que j'ai rêvé souvent aux moyens me paraissant propres à l'assurer.

Il m'a paru que dans cet acte du mariage, le plus important de la vie de leurs enfants, les parents ont un rôle considérable; soit qu'ils les y préparent dès le jeune âge, soit que, le moment venu, ils travaillent à réunir pour l'union projetée toutes les garanties et toutes les probabilités de bonheur. Ayant agi ainsi, ils auront sans doute contribué de tout leur pouvoir à assurer l'œuvre ; mais il leur restera à demander à Dieu de la bénir et de lui donner ce succès que, sans le secours d'en-haut, tous les efforts humains sont impuissants à conquérir.

Dijon, Imp. Jobard.